Günter von Hmmel

Fang mit dem Anfang an

Eine Psychoanalyse des Universums -
Versuch einer Selbstpraxis

Das Umschlagsbild zeigt das sichtbare Universum, aber noch wesentlich größer ist das unsichtbare Universum. Dieses ist noch dazu so irrsinnig eng mit dem sichtbaren verbunden, so dass man sich fragen muss, wo und wie gibt es erforschbare, begreifbare, ja erspürbare Übergänge zwischen den beiden. Sie liegen nicht mehr im rein Astrophysikalischen, sondern mehr in dem, was man in der Psychoanalyse das Unbewusste nennt, in dem – wie auch im Universum – die Struktur des Torus (in der Mitte des Bildes) eine große Rolle spielt Von daher kann man es auch selbstpraktisch erfahren.

Verlag: BoD · Books on Demand GmbH, Überseering 33, 22297 Hamburg, bod@bod.de
Druck: Libri Plureos GmbH, Friedensallee 273, 22763 Hamburg
ISBN: 978-3-6963-5738-2

Inhaltsverzeichnis

Kurze Übersicht

In der Erstauflage dieses Buches habe ich erwähnt, dass das unsichtbare Universum (meist nur mit dunkler Materie und Energie bezeichnet) fast hundertmal größer ist als das sichtbare. Dass man davon kaum etwas bemerkt, liegt an der ungeheuren Verdünnung all dessen, was Inhalt des unsichtbaren Universums ist. Zudem ist dieses Unsichtbare von allem Sichtbaren, also auch dem Menschen, nur unglaubliche 10-31 cm weit entfernt, also in und mit allem und so auch wieder mit dem Menschen geradezu verschmolzen. Unfassbar, ja glattweg unverantwortlich, dass sich bisher dazu niemand geäußert hat, was diese Verschmolzenheit im Allgemeinen und speziell im wissenschaftlichen Sinne für den Menschen bedeuten kann.

Von vornherein eine Übersicht zu haben, ist kein Fehler. Diese enge Verbundenheit des sichtbaren mit dem unsichtbaren Universum hat auch mit der Frage des Anfangs zu tun, des Anfangs in seinen verschiedenen Aspekten. Ich nehme natürlich Stellung zum Urknall, zu Gott und zu den Neutrinos, sogenannten ‚Geisterteilchen', die so klein, aber energiereich sind, dass sie alles, auch den Menschen, ständig zu zig Tausenden mit fast (99,99999999 %ig) Lichtgeschwindigkeit durchdringen. Man könnte denken, der Mensch müsste das merken. Ich werde schildern, warum dies nicht geht.

Aber wie könnte man dann von dem unsichtbaren Universum in einem selbst etwas spüren oder auch nur erfahren? Man muss in den wissenschaftlich beweisbaren, zwischen Energie und Entropie angesiedelten Bereich des Informationsfeldes gehen, wie es Prof. G. Ganteför beschreibt.[1] Allerdings findet er keine exakte Lösung des Anfangsproblems und des im Menschen agierenden unsichtbaren Universums. Doch ich werde eine andere Möglichkeit schildern, nämlich die Psychoanalyse, deren Unbewusstes auf der gleichen – rein strukturellen – Ebene im Menschen liegt wie das Unsichtbare des Weltalls.

Um das alles glaubhaft zu machen, muss ich auf die Psychoanalyse J. Lacans zurückgreifen, der sprachwissenschaftliche und projektiv-geometrische (topologische) Begriffe ins Spiel gebracht hat, um mehr Klarheit und Verständlichkeit ins Spiel zu bringen. Damit lässt sich die enge Parallelität des Strukturellen in den beiden Bereichen (Psychoanalyse und unsichtbares Universum) plausibel machen und auch zu einer praktischen Verwendung bringen. Als ein entscheidendes Element des Strukturellen beider Bereiche gilt

---

[1] Ganteför, G., Die Intelligenz des Universums, Westend (2026)

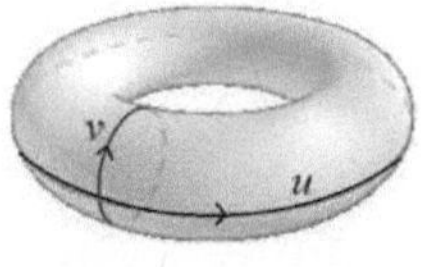

bei Lacan der Torus (siehe Abb. nebenan), in dem Begehren (d, desir, Triebkraft) und Anspruch (Demand, D, Wortgewichtigkeit) sich kreisend überschneiden. Genau in dieser Form soll auch neuesten Forschungen nach das Universum gestaltet sein, wo Kraft (Energie) und Schwere (Masse) eine ähnliche Funktion haben, aber auch unsichtbares (z. B. d) und sichtbares (z. B. D) Universum sich überschneiden.

Damit ist kein umwerfender Vergleich der beiden Bereiche erstellt, aber die in diesem Buch beschworene Wissenschaft ist nicht vorwiegend objektiv, sondern eine Wissenschaft v o m Subjekt oder – wie Lacan ebenfalls betont – eine der Liebe unterstellte Wissenschaft. Den Neandertaler kann man nicht durch DNA und ein paar Knochenstücke genügend erforschen, sondern – so der Paläoanthropologe T. Appleton – indem man ihn liebt. Man muss sich mit einer Art Liebesleidenschaft in ihn und all die Dinge und Vorstellungen, die es von ihm gibt, hineinversetzen. Nur mit einem derartigen subjektbetonten Vorgehen kann das Problem des Anfangs gelöst werden.

Dafür wird in diesem Buch ein Verfahren, eine Selbstpraxis, entwickelt, mit der sich jeder Einzelne in die genannte Wissenschaft einarbeiten kann. In dieser

Praxis wird die Psychoanalyse mit einem meditativen Zugang verbunden, wodurch ein Verfahren entsteht, mit dem nicht nur das Unbewusste, sondern auch das strukturell gleiche unsichtbare Universum auf der Ebene des Torus durch rein *formale Ausdrucksart* geweckt wird. Diese Ausdrucksart besteht aus einem im Kreis geschriebenen Schriftzug, dessen von verschiedenen Buchstaben aus gelesene Bedeutungen stets andere Inhalte ausweisen.

Der Schriftzug hat also keine einheitliche Bedeutung, verursacht aber – meditativ vorgehend – gerade dadurch die genannte Weckung des Unbewussten und des unsichtbaren Universums. Es kommen innerlich wahrnehmbar Verdrängtes oder seelisch Abgespaltenes (Unsichtbares) zum Ausdruck, eine Erkenntnisform, die ausführlich in den letzten Kapiteln beschrieben wird. Nochmals: Es ist nicht wichtig – wie Lacan es auch von seinen Vorlesungen sagte –, alles genau verstanden zu haben, denn entscheidend sind nur die Einsicht und Überzeugung bezüglich der *formalen Ausdrucksart* und die damit verbundene eigene Anwendung des Verfahrens. Ohne dies geht nichts, aber es handelt sich dafür nicht um eine von außen her und von oben herab geäußerte, angeblich ‚objektive Wissenschaft', sondern eben um eine v o m Subjekt.

1. Der Anfang ist die Hälfte des Ganzen

Der hervorragende Kenner der Hegelschen Philosophie, Klaus Vieweg, kreist in seinem neuesten Buch um die Frage des Anfangs – speziell natürlich in der Philosophie.[2] Er stützt sich auf eine Aussage von Aristoteles, der sagte: „Der Anfang ist die Hälfte des Ganzen", weil schon ein kleiner Fehler am Beginn weitere Fehler mit sich zieht und so der Anfang mindestens so viel Bedeutung hat wie der Rest, insbesondere, wenn es um den Anfang als solchen geht, den Anfang aller Anfänge. Denn freilich schwebt Vieweg so etwas vor: ein bedeutender Anfang, wie ihn nur die Philosophie bieten kann. Zudem zitiert er den Spruch, der aus Lewis Carrolls ‚Alice im Wunderland' stammt und den ich zum Titel dieses Buchs gemacht habe. In Gegenwart von Alice fragt das darin vorkommende ‚weiße Kaninchen' den dortigen König: „Wie soll ich anfangen?" Und dieser antwortet prosaisch oder lakonisch, je nachdem, wie man es nehmen will: „Fang mit dem Anfang an."

Das war gar nicht so dumm, wie es sich anhört. Denn selbst Vieweg findet trotz umfangreicher philosophischer Bemerkungen und Kommentare (vor allem zu

---

[2] Vieweg, K., Anfänge – Eine andere Geschichte der Philosophie, C. H. Beck (2025)

Hegel) nichts, was einen Anfang ‚wissenschaftlich logisch' – wie er fordert – erstellen könnte. Denn das ‚begreifende Denken', das ‚logische Begründen' und anderes mehr, geben nicht das her, was er anstrebt, nämlich der Philosophie den Charakter einer Wissenschaft zu geben, die sich mit dem Problem des Anfangs nicht mehr herumschlagen müsste, weil sie als solide Wissenschaft diesbezüglich schon absolute Geltung hätte. Die Philosophie gehört zu den Geisteswissenschaften, die aber stets das Problem haben, in der Wertigkeit weit hinter den Naturwissenschaften zu rangieren.

Doch bevor Vieweg mit dem Anfang anfangen kann, muss er zuerst zahlreiche philosophische Gebiete durchstreifen, er muss „von Parmenides und Nagarjuna über Aristoteles und Spinoza bis hin zu Fichte und Hegel führen", wie es im Klappentext seines Buches heißt. Er testet sie alle hinsichtlich ihrer Fähigkeit, etwas zum unmittelbaren Anfang glaubhaft und streng logisch beitragen zu können. Und weiter: „In der ‚Verlegenheit um den Anfang' liegt eine Herkulesaufgabe für die Philosophie: Die Sorge um die Ermöglichung eines wahrhaft philosophischen Erkennens."

Ich kann mir gut vorstellen, dass ein Philosoph, der ja nicht einfache Belletristik liefert und auch nicht mit dem Charakter eines der üblichen Sachbücher über diese Thematik des Anfangs schreiben soll, gestresst und mit Schweißperlen auf der Stirn vor einem weißen Blatt Papier sitzt. Alles Mögliche geht ihm durch den Kopf, aber ewig lange zuwarten kann er auch nicht. Irgendwann muss er im typographischen Raum, in der Cloud der Worte, wie man heute sagt, in diesem uferlosen Raum der Bedeutungen, eine Silbe, eine Vokabel finden, mit der er loslegen kann. Selbst Goethe lässt seinen Faust bezüglich dieser Frage schon zu Beginn erbärmlich jammern:

„Geschrieben steht: »Im Anfang war das Wort!«
Hier stock ich schon! Wer hilft mir weiter fort?
Ich kann das Wort so hoch unmöglich schätzen,
Ich muss es anders übersetzen,
Wenn ich vom Geiste recht erleuchtet bin.
Geschrieben steht: Im Anfang war der Sinn.
Ist es der Sinn, der alles wirkt und schafft?
Es sollte stehn: Im Anfang war die Kraft!
Doch, auch indem ich dieses niederschreibe,
Schon warnt mich was, dass ich dabei nicht bleibe.
Mir hilft der Geist! Auf einmal seh ich Rat
Und schreib getrost: Im Anfang war die Tat!

Doch damit geht es auch nicht gut weiter, wie man sich denken kann. Mit der Tat anzufangen, ist die typische Art sogenannter Machtmenschen, wie sie früher in Napoleon oder Hitler und Stalin und heute in den

Rechtsautoritären oder den Technokraten zu sehen sind, die dauernd Anfang machen, indem sie so ungehemmt wie möglich, alles aus sich herauspoltern oder ständig etwas tun müssen, was sie den Leuten antun oder verkaufen könnten, sie dabei aber mit ihren Thesen nur verdummen. Man muss allerdings auch die sogenannten ‚woken' Linken erwähnen, die Linksautoritären, die zu viel herumtüfteln, dauernd drunter und drüber reden und keinen Anfang finden. Es handelt sich also um zwei Extreme, aber gibt es etwas in der Mitte? Oder muss man eben nicht mit der Tat anfangen, sondern doch mit dem Wort, was Faust zuerst eingefallen war?

Ich werde wohl weiter ausholen müssen. Ursprünglich dachte ich, schreiben zu sollen, dass der Mensch zu sich selbst verurteilt ist und nicht vom Zwang zu leben frei ist. Wäre der Anfang somit nicht ein einfaches universales Urteil, eine Sanktion, fertig? Solch ein Urteil müsste kein Mensch, kein Gott und nichts und niemand sonst sprechen, es würde einfach hinter allem als der grundlegende Anfang stecken. Doch schnell wurde mir klar, dass dies wohl zu banal und zu vorgriffig formuliert ist. Ich war beruflich als Arzt und Psychoanalytiker tätig und dabei stark von dem französischen und nach Freud renommiertesten Psychoanalytiker Jacques Lacan beeinflusst, der behauptete, dass es eigentlich die Wahrheit ist, die den Anfang vermittelt. Die Wahrheit als Ursache.

So ein Statement klingt für den ersten Moment nicht nur überraschend, sondern fast auch zu fremd, zu unmöglich und zu irrational. Die Wahrheit, diese blinde Göttin, diese zarte Pflanze, die allem einen zaghaften, kaum wahrnehmbaren Glanz verleiht, soll dem so gewichtigen und großen Anspruch einer universellen Gültigkeit genügen können? Denn natürlich geht es nicht um die alltäglich vorgegaukelten Wahrheiten der ebenso alltäglichen Menschen, sondern um eine – das muss man freilich berücksichtigen –, die von Anfang an eine entscheidende Bedeutung und gewichtige Relevanz besitzt. Etwas Derartiges findet man heute lediglich in der Psychoanalyse, in der ja das Krankheitssymptom des Patienten in eine hintergründige, unbewusste, weil verdrängte, Wahrheit verwickelt ist, deren Enthüllung ganz entscheidend für die Genesung des Kranken ist.

Wenn man aus dessen Reden, Träumen, Versprechern und sogar auch aus dessen Lügen, die Wahrheit herausfiltern kann, verschwindet das Symptom. Sagt der Patient aufschäumend und erregt: „Nein, die Mutter war es auf keinen Fall,“ kann man sicher sein, dass die Person, um die es gerade ging, genau die Mutter ist. Zu vehemente Emotionalität oder die mit einer Lüge abgeschmetterte Aussage verraten die dahinter liegende Wahrheit, die verdrängt und doch eindeutig den Anfang des ganzen Geschehens darstellt. Durch die Aufdeckung und Enthüllung der Wahrheit des Verdrängten werden nunmehr neue Aspekte im Leben des Patienten hinsichtlich seiner Reifung und wahren Selbsteinschätzung möglich gemacht. Ein wahrer, ein enthüllender Anfang, sozusagen.

Aber lässt sich so etwas auch auf andere, ja vielleicht sogar auf alle gegebenen Bereiche erweitern? Auf eine allumfassende, universelle, materielle Einheit? Auf den Urknall zum Beispiel, der von der Physik ja schlechthin als der Anfang des Universums bezeichnet wird? Nein, das geht nicht, denn dass dies keine befriedigende Erklärung des Anfangs ist, zeigt schon die einfache Tatsache, die in der etwas dümmlichen Frage steckt: Und was war dann vor dem Urknall da? Reines Vakuum? Auch nicht besser. Die alten Griechen meinten, Eros, der erste Gott, hätte den Anfang produziert, und bei den alten Ägyptern war es sogar der Sex zwischen Himmel und Erde. Die Himmels-Göttin Neb wölbte sich über den Erd-Gott Geb, um die Sonne zu zeugen. Auch das war gar nicht so dumm, denn die Sonne ist doch der Stern, der unter allen anderen Sternen auserwählt ist, Leben und damit Menschen hervorzubringen, die dann kurioserweise über den Anfang ‚philosophistizieren' können.

Nun ja, das sind mythisch-magische Ausführungen, die auf dem gleichen Niveau wie der monotheistische Gott liegen, der von einem Jenseits her den absoluten Anfang gemacht haben soll. Das heißt, es war gar nicht Gott, sondern der Erzähler des Alten Testaments, der sich selbst an den Anfang setzt, als er sagte: „Am Anfang schuf Gott Himmel und Erde." Erst dann lässt der Erzähler Gott selbst zu Wort kommen. Doch was will ich selbst in diesem Buch? Ich will, dass jeder selbst die Wahrheit seines Anfangs, den Sinn seines Lebens, die für ihn wichtige Selbstpraxis auf wissenschaftliche Weise und mit Genuss erlernen kann. Wissenschaftlich heißt: Ich fange mit den Philosophen an, komme dann zur Physik, zu den Quanten und dem Nanobereich der Neutrinos, schließlich zum Feld der Information und der Selbstanalyse, die einen wieder zum Anfang zurückführt, der man selbst ist: ein „corps jouissant", ein körperlich genießendes Wesen.[3]

Ich bin wohl etwas zu schnell vorgegangen, und freilich: Nichts gegen Gott, der beim streng katholischen Religions-Philosophen R. Spaemann ein ‚unsterbliches Gerücht' ist, womit wahrscheinlich sogar viele Atheisten, aber auch Rechtgläubige leben könnten, denn es ist nicht negativ gemeint und bringt einen zum Wort als dem scheinbar schon immer währenden

---

[3] Lacan, J., Seminar XXI, Vortrag vom 12. 3. 1974

Anfang zurück. Bei Lacan, dem spitzfindigsten aller Psychoanalytiker, handelt es sich bezüglich des Anfangs ebenfalls um etwas herausgehoben Symbolisches, sprachlich Signifikantes, das dem letztlichen Realen gerade durch seine Schreibung, seine schriftliche Form, also nicht nur durch seinen Wortcharakter allein, sondern auch durch sein Imaginäres, Erscheinungshaftes, also seinen Bildcharakter nahesteht.

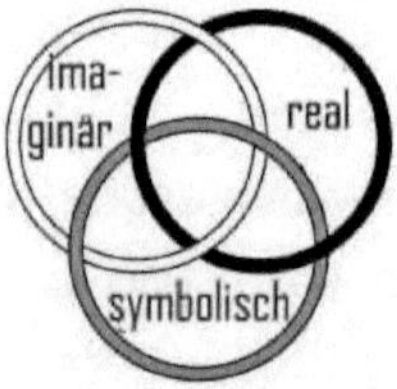

Diese Dreiheit, das Imaginäre, Symbolische und Reale, ist das beste wissenschaftliche Werkzeug, um zum Anfang, insbesondere auch zu dem von sich selbst, zu kommen. Das Reale ist nicht die vordergründige Realität, sondern das hintergründige, unbewusste, aber wesentlich Wirkende, konstatiert Lacan. Er hat damit eine Wissenschaft begründet, die sich nicht so sehr an den Objekten, am Objektiven, orientiert, sondern mehr an der Struktur des Subjekts, die genau damit zu tun hat, dass das Symbolische, Sprachliche, und das Imaginäre, Bildliche, mit dem Realen eine Einheit bilden (siehe Abbildung des Lacanschen Borromäischen Knotens, abgekürzt: Bo-Knotens). Der Anfang sei somit in der Drei, der Drei-Einheit, gelegen und nicht bei der Eins, wie es noch der Philosoph Parmenides behauptete.

Das Imaginär-Reale korreliert mit dem, was Freud den Schautrieb nannte, der kein biologischer Trieb ist, sondern ein psychologischer, in dem sich die Schaulust an ihre Objekte heftet. Und das Symbolisch-Reale hat mit dem Sprechtrieb (Lacan: Invokationstrieb) zu tun, einem typisch menschlichen Begehren, wie es nicht nur bei den Tratschsüchtigen vorkommt, sondern überall. Diese Unterteilung wird für den weiteren Text und auch für die Frage nach dem Anfang noch sehr wesentlich sein, denn es wird neben der Philosophie auch um Psychoanalyse gehen, die Bestandteil meiner beruflichen Tätigkeit als Arzt war. Doch vorerst nochmals zurück zu Vieweg und seiner Stellungnahme zu Parmenides weiter, den er „als erste Figur im Pantheon der Philosophie“ tituliert.

„Nur das Seiende ist“, zitiert ihn Vieweg, und das heißt, dass „das Sein ungeworden, unvergänglich, einzig, unzerstörbar und perfekt“ ist, wie Parmenides behauptete.[4] „Der Idealtyp des allerersten reinen Gedankens, des reinsten abstrakt Allgemeinen, d. h. die anfangende, erste logisch-historische, ideale Gestalt der Philosophie des Seins, wäre das parmenideische Sein, das somit die erste Stufe einer philosophischen Geschichte der Philosophie bezeichnet“, schreibt

[4] Die Fragmente der Vorsokratiker, Zürich (1951) Bd. I, S. 231, 193 und 232

Vieweg wortgewichtig und als für den Anfang definierend. Und weiter zu Parmenides: „In seiner exklusiven Singularität wird der Hauptgedanke, ‚das begriffliche Eine' aufgefasst . . . Das Denken ist mit dem Sein identisch."[5] Das klingt fast wieder ein bisschen psychoanalytisch, wo ja auch unbewusst gedacht wird, regt aber auch die Frage an, ob das Universum, das doch Sein in Fülle ist, ebenso hat denken können?

Mit dem Ein, der Einheit und der Zahl Eins als Gedachtem, haben es in der Folge viele Autoren versucht, den Anfang per se zu definieren, aber ein überzeugender Beweis wurde nie daraus. Im Gegenteil, die Sucht nach dem Einen, Ganzen, beherrscht auch manche psychische Erkrankung, so speziell auch die Schizophrenie. Man kann verstehen, dass diese universale Geschlossenheit eines absoluten Einen faszinieren kann, aber als die letzte Logik erfüllt sie nicht den Anspruch auf totale Gültigkeit. Für Freud, meinte Lacan, gelte eher die Wurzel aus minus Eins ($\sqrt{-1}$) als Anfang. Denn sie gelte in ihrer Irrationalität auch für den Begriff von Freuds sexuell Urverdrängtem. Dieser Anfang durch ein übermächtiges Sexuelles habe Angst gemacht, sagte Freud, und deswegen musste es als Eins sofort wieder weggesteckt werden in die

---

[5] Vieweg, S. 85-86

unlösbare Formel der Wurzel aus minus Eins. Nun ja, ein bisschen ausufernd das Ganze, aber originell.

Demgegenüber betont Vieweg noch einen anderen, dem Parmenides gleichwertigen, aber zu Freud eher gegensätzlichen Weg zum Ur-Anfang. Es ist der des Buddhismus und seines Nirvana, seiner Leere. Von Lao Tse heißt es diesbezüglich, dass „die Leere eine Wirksamkeit habe, die die Fülle nicht besitzt". Das Nichts hätte dieselbe Unmittelbarkeit, dieselbe radikale Abstraktion, wie es das reine Sein als pure Abstraktion bei Parmenides hat, und verbleibt so in dieser „abstrakten, minimalistischen Bestimmtheit", aus der sich dennoch keine Wissenschaft herleiten kann und damit weiterhin kein zufriedenstellender Aspekt zu der alles beherrschenden Frage des Anfangs.

Etwas Bestimmtes ist für einen und schon gar für den Anfang als solchen viel zu sehr etwas bereits Vorgefasstes, eben Festgelegtes, auch wenn es nur die Leere ist, die Null, das Nichts. Vieweg schildert zahlreiche weitere Beispiele, die plausibel klingen, aber unmöglich als Anfang gelten können. So hätte Hegel zum Beispiel die Einheit des Unmittelbaren und Vermittelten als den Anfang per se vorgeschlagen. Aber was soll das wirklich sein, drei Begriffe, ähnlich wie bei Lacan mit seinem Realen, Imaginären und Symbolischen, die zusammen den einen Anfang machen sollen, eine Art Faktizitätsausbruch, ein „heraklitisches Werden", wie Vieweg es auch nennt?[6] Hegel steigerte die Sache dann noch weiter zum ‚absoluten Wissen', das als ‚letztliche Wahrheit' den Anfang machen würde.[7] Aber was ist jetzt zuerst da? Ist es nicht doch die Wahrheit, wie ich Lacan folgend vermutete, oder ist es das Wissen? Manche Philosophen versuchen es mit dem ‚systemischen Anfang', was also immer ist, es steckt im System, das der Anfang ist. Aber was ist das System?

Kant ging der Frage nach dem Anfang ganz geschickt mit den ‚synthetischen Urteilen a priori' nach, doch zuerst behauptet er, dass es analytische Urteile gibt, die automatisch a priori wahr sind, weil sie sozusagen schon in den Sprachregeln, die wir nutzen, wenn wir z. B. das Wort *nutzen* nutzen, enthalten sind: Nutzen nützt – ein analytisches Urteil, a priori wahr. Es ist aber auch irgendwie unsinnig, banal. Diesen Unsinn gibt Kant zwar zu, greift sich jetzt aber die synthetischen Urteile (die also nicht schon durch die Sprachregeln bedingt sind) und fängt dann an, ganze Bücher mit den Wahrheiten zu füllen, die er nunmehr durch einen syllogistischen Schluss der analytischen mit den synthetischen Urteilen erhält.

---

[6] ff Seite 100
[7] ff Seite 70-80

So kann er dann leicht beim Wort *anfangen* anfangen: Aktiv fängt die Ursache an (infit), sagt er, weil passives Anfangen als Kausalität Ursache wird (fit).[8] Jetzt braucht er nicht mehr zu fragen, warum er im Wort *Ur-Sache* schon die Sache vorgezogen hat, anstatt im Wort *Anfang* den *Fang* zu präferieren, den er somit für sich getan hat. Kurz: Er kommt auf diese Weise dazu, der Philosoph seiner Zeit zu sein, der Professor, der Universitätslehrer, der Alles-Wissende. Nein, das kann man heute nicht mehr lesen, und so möchte ich auch nicht weiter mit den zahllosen Argumenten fortfahren, die Vieweg in seinem Buch auflistet. Vielleicht noch eine kurze Bemerkung zum Philosophen J. G. Fichte. Dieser habe – so Vieweg – begonnen, das Subjekt, das Ich, in den Vordergrund zu stellen und formulierte: „Das Ich setzt sich selbst, und es ist."[9] Damit kommt er S. Freud und dessen Psychoanalyse näher.

Denn eine über diese Ich-Philosophie hinausgehende Wende kam erst mit Freud und – ein paar Jahrzehnte später – mit Lacan, der aus dieser, den wahren und entscheidenden Anfang nicht gefunden habenden Ich-Philosophie, eine Wissenschaft v o m Subjekt machte. Damit war weniger das Ich als Unbewusstes gemeint, sondern das dem Unbewussten Unterstellte (subiec-

---

[8] Kant, I., Kritik der reinen Vernunft, Reclam (1993) S. 499
[9] Fichte, J. G., Gesamtausgabe (1962) I, 2, Seite 255-282

tum), in dem Bild (Blick, Imaginäres, Schautrieb) und Wort (Stimme, Symbolisches, Sprechtrieb) verbunden mit dem Realen die wesentlichen Elemente sind. Semantisch, also von der Bedeutung her, fungiert das Unbewusste jedoch als Hort der verdrängten oder psychisch abgespaltenen Triebkräfte, der Intentionen des Begehrens. Das unbewusste Begehren, die Wahrheit des unbewussten Begehrens als Anfang?

Allerdings gibt es kein generelles Unbewusstes, vielmehr existiert nur das eines jeden Einzelnen, auch wenn für alle gewisse gleiche Gesetzmäßigkeiten gelten. Doch warum soll man den Anfang nicht so auffassen, dass er sich – generiert durch die wissenschaftlichen Ansätze der Psychoanalyse – in seinen Grundlagen in jedem Einzelnen widerspiegelt und erfahrbar macht? Gerade auch den Urknall hört ja niemand, aber könnten nicht viele Einzelne davon erfahren, wenn sie sich in einen schalldichten und schallschluckenden Raum setzen und nach einiger Zeit einen Ton, Klang, Laut, hören, der auf nichts Fassbares zurückzuführen ist, ein Urlaut sozusagen? Freilich hat dies nichts mit dem Urknall zu tun, der allerdings auch überhaupt nicht geknallt hat; wo denn, wie denn?

Denn für einen Laut existiert selbst im Universum kein Medium, das ihn vermitteln würde, aber ein Unbewusstes, das laut werden kann, könnte es geben. Im

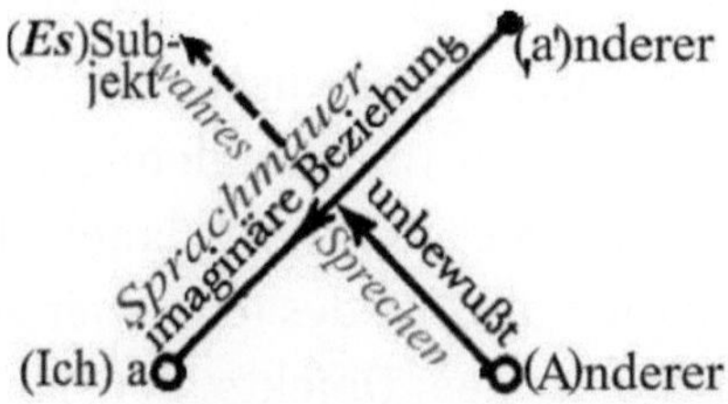

Traum, wo sich das Unbewusste am besten auskundschaften lässt, durchläuft man einen Bereich, der nicht mehr ganz unbewusst, sondern bereits etwas vorbewusst ist – wie Freud es nannte – und der nunmehr also schon Sprache ist, aber nicht volles, wahres und weit gereiftes Sprechen. Nur diesem kann es gelingen, den Begriff des Anfangs völlig zu meistern. Das oben stehende Schema Lacans zeigt diese Verhältnisse, und man sieht sofort, dass das ‚wahre Sprechen', das symbolische, reife Sprechen, das auch mit der Wahrheit als Anfang zu tun haben könnte, die ‚Sprachmauer' durchstößt, die aus dem unreifen, mehr bildhaften, imaginären Vorbewussten besteht.

Da Lacan zufolge das Unbewusste die Sprache des *Anderen* ist, also des unbewusst sich völlig *anders* vermittelnden, des bedeutenden und deswegen groß geschriebenen A (*Anderes, Anderer*, rechts unten, der/das schon vom Kind als solcher verinnerlicht wird), richtet sich dessen Intention zum Subjekt, zum Freudschen *Es* (links oben). Dort wird sie bewusst, weil sie am Überkreuzungspunkt das Vorbewusste nur gestreift hat und das, sich nun mehr symbolisch, worthaft Vermittelnde, zu immer größerer Reife hin aufbaut. Denn das unreife, mehr vom Imaginären her geformte Vorbewusste reicht nur vom Ich (a) zum imaginären (eingebildeten, vorgestellten) und somit nur gespiegelten und daher klein geschriebenen anderen (‚a'), Bild des Ichs, aber auch des Begehrens-Objekts a, des Objekts der Mehrlust, wie Lacan sie nennt.[10] Im Spielkameraden oder im Parteigenossen, wie in der Lust des Begehrens, ist man selbst a und ‚a' – spiegelverwandt also und nicht wahr, reif, selbstanalysiert kommunizierend, sondern einfach nur sich mehrlüstern, reflektorisch, widerscheinend vermittelnd.

Ich bin jetzt völlig ungerechtfertigt von der Astrophysik zur Psychoanalyse gewandert, und muss dies – obwohl es erst später wichtig wird – vorläufig so stehen lassen. Freud hatte bekanntlich mit der Hypnose begonnen, psychisch Kranke zu behandeln, weil er dadurch tief ins Unbewusste, also zum Anfang des Seelischen, der betreffenden Personen eindringen konnte. Ich erhoffe mir von dorther zumindest eine reine Spiegelung frühester irdischer Geschehnisse. Die Patienten fielen in der Trance der Hypnose in frühere und elementarere seelische Schichten zurück,

---

[10] Die verdrängten psychischen ‚Objekte' funktionieren so, wie es schon Nietzsche sagte: „Alle Lust will Ewigkeit", also immer mehr und mehr.

gerieten sozusagen an den Anfang ihres neuropsychischen Seins, das – samt dem darin auch enthaltenen Verdrängten – unbewusst ist. Sie verweilten in der Hypnose in einer Art – vom sexuellen Begehren her charakterisierten und von der Stimme des Therapeuten her gedrängten – Abhängigkeitsrausch. Es ging um die klassische vorbewusste Beziehung, in der es zwar auch Sprache gibt, aber nur eingeengt und vorausgeregelt.[11]

Freud hatte das Vorbewusste als ein Zwischenstadium zwischen Unbewusstem und Bewusstem verstanden, so wie es zum Beispiel beim Aufwachen aus einem Traum (Unbewusstes) in die später bewusste, sprachlich formulierte Erzählung des Traums stattfindet. Vorbewusst wäre der Schnittpunkt der beiden Linien in der Abbildung der Seite 23.[12] „Das Sprechen ist im Wesentlichen nur Mittel, um anerkannt zu werden", eine volle, darüberhinausgehende Aussage hat es oft nicht", sagt Lacan, und meint damit, dass es oft vorbewusst und bruchstückhaft bleibt.[13] Nach Lacan

---

[11] Dies hat alles freilich keinen direkten Bezug zum Anfang als solchem, vielleicht aber zum Kantschen ‚Ding an sich', das Lacan jedoch zum ‚Ding des Unbewussten' umformuliert hat, wo es Relevanz auch für das Anfangsproblem hat.

[12] Laplanche, J., Pontalis, J. B., Das Vokabular der Psychoanalyse, suhrkamp taschenbuch wissenschaft (1989) S. 615

[13] Lacan, J., Seminar I, Walter Verlag (1953) S. 301

genügt es, dass effektive Signifikantenketten, also die Aneinanderreihung von nur stückhaften Bedeutungen, schon Sprache sind, weshalb man sich häufig missversteht. Sich vorbewusst artikulieren können auch Tiere und eventuell sogar das Universum, das somit eine Botschaft hat, die schon Kant betonte.[14]

Ohnehin musste Freud die Methodik ändern, denn die Patienten – aufgewacht aus der Hypnose – konnten oder wollten nichts Wesentliches aus der Rausch- und Abhängigkeitsphase mitteilen. Freud ließ die Kranken daher alles sagen, was ihnen einfiel, um so mehr und differenzierter, wenn auch wach, an das Unbewusste heranzukommen. Aber er musste dazu den nunmehr uferlos geäußerten Gedanken (‚freie Assoziationen') eine passende Interpretation und Deutung geben, was zeitraubend und mühevoll war, wenn es auch, wie erwähnt, durch das Herausfinden der verdrängten Wahrheit zur Frage des Anfangs etwas beitragen konnte. Ich will in späteren Kapiteln schildern, wie das von mir entwickelte Verfahren aussieht, das für die Anfangs-Diskussion geeigneter wäre (es geht um die im Untertitel genannte Selbstpraxis, wie der Philosoph M. Foucault das selbstanalytische Vorgehen bezeichnet hat).

---

[14] Nicht nur das „moralische Gesetz" in ihm, auch der „gestirnte Himmel" über ihm vermittelte ihm solch eine Botschaft.

Lacan hat daher mit mehr Plausibilität darauf hingewiesen, dass die Wahrheit, die grundlegende Wahrheit, die also die Reifung fördert und damit den Anfang einsichtig macht. Denn vorher kann es nichts Vorheriges geben, die Wahrheit muss erst in einer Form da sein, in der sie gefunden und beantwortet werden kann. Ein Zurück zu etwas vorher Gegebenem ist logisch nicht denkbar. Diese Feststellung entspricht zwar exakt dem, was Hegel rein theoretisch, rein ausgedacht, mit der Einheit von Unmittelbarem und Vermitteltem ausdrückte. Wenn nämlich die Wahrheit den Anfang macht, wenn sie Ur-Sache ist, unmittelbar Erstes, dann existiert sie gleichzeitig als Vermitteltes, als Wahres eben, aber sie kann eben nur vom Subjekt des Einzelnen her kommen.

Lacan konnte allerdings leicht von der Wahrheit als grundsätzlicher Ursache reden, denn in der Psychoanalyse versteckt sich in den Symptomen des Kranken eine verdrängte Wahrheit, die so peinlich und erschreckend ist, dass der Patient davon nichts wissen will. Wenn jedoch die Wahrheit aufgedeckt wird, verschwinden, wie schon gesagt, die Symptome, der Patient reift in seiner Persönlichkeit. Die Wahrheit als Ur-Sache, als Anfang, ist schon längst vorhanden, sie ist nur still, lautlos, und muss hörbar gemacht werden, damit aus dem Unbewussten des einzelnen Subjekts Bewusstes werden kann, wahres, gut durchdachtes, voll sprachfähiges Bewusstes.

Nun plädiere ich nicht für die Auffassung, die übliche, klassische, herkömmliche Psychoanalyse könne jedem Einzelnen die Erfahrung des Anfangs des Universums oder des Anfangs als solchem, vermitteln. Etwas anderes ist es mit der Lacanschen Wissenschaft, die Lacan – wie gesagt – eine Wissenschaft v o m Subjekt nennt, und die auf Linguistik, Topologie und anderes zugreift. Dazu noch einmal kurz zurück zum Philosophen K. Vieweg und seinem Buch ‚Anfänge'.

Vieweg wollte ja wie alle anderen Philosophen vor ihm das Wesen des Anfangs allein aus dem logischen, begreifenden Denken entwickelt sehen, wozu sich seine akribischen, äußerst komplex gestalteten Ausführungen stets als kritisch, klar aufzeigend und doch als aussichtslos erwiesen. Ja, zum Schluss greift er selbst erneut Lewis Carrolls ‚Alice in Wonderland' auf und zitiert nochmals den König, der schließlich sagte: „Lies bis zum Ende und hör dann auf", was Vieweg auch als zutreffende Deutung für sein eigenes Buch definierte: „Lies mein Buch und hör dann auf", eine Antwort auf die Frage nach dem Anfang zu suchen.

Doch das klingt erneut so ein bisschen paradox und hintergründig schlau. Es gilt für den Philosophen, der noch nicht den Rang einer perfekten Wissenschaft erreichen konnte. Aber wie sieht es woanders aus, also beispielsweise nochmals bei der Frage des Anfangs des Universums, die ja auch mit der Frage des Alters des Universums verbunden ist? Die Altersbestimmung ist bis heute noch unklar, weil in das sichtbare Universum dasjenige hineinspielt, das unsichtbar ist, und man Dunkle Materie und Dunkle Energie geheißen hat. Nun verrät die Bezeichnung ‚Dunkel' schon zu Genüge, dass man wenig Handfestes davon erfahren kann, obwohl dieser Teil des Universums sogar 95% des gesamten Universums ausmacht. Verschiedene Messungen, auch z. B. mit der Mikrowellen-Hintergrundstrahlung, haben unterschiedliche Ergebnisse erbracht. Man hat sich dann bezüglich des Alters des Universums auf etwa 13,8 Milliarden Jahre geeinigt.

Aber auch hinsichtlich des Urknalls sagen Astrophysiker heute, dass es einen zweimaligen derartigen Anfang gegeben haben muss. „Beim ersten Knall dehnt sich der Raum und mit ihm eine geheimnisvolle Energie [das ist die Dunkle Energie] innerhalb von 10^{-33} Sekunden schlagartig aus – das sind 32 Nullen hinter dem Komma. . . . Dann, nach den ersten 10^{-32} Sekunden, kommt es zum zweiten Knall . . dem heißen Urknall. Die freiwerdende Energie ergibt einen einzigen Blitz heißester Quantenmelasse, die später zu der Materie ausfrieren wird, aus der wir alle bestehen", schreibt der Astrophysiker Prof. Dr. H. Falcke.[15] Das klingt ein bisschen kühn. Allein diese zig Milliarden schnellere Ausdehnung als die der Lichtgeschwindigkeit, kann man nur mit dem Auseinanderreißen von Quanten, also diesen sonderbaren Energieeinheiten, die man nicht exakt messen kann, erklären.[16]

Doch auch wenn man der Astrophysik auf diese Weise Recht gibt, kann man sich trotzdem fragen, ob für die Erklärung des Anfangs nicht auch andere Parameter eine große Wertigkeit haben könnten. „Ein Parameter ist eine veränderliche oder feste Hilfsgröße, Kenngröße oder ein Wert, der das Verhalten eines Systems, einer Funktion oder eines Prozesses bestimmt, beschreibt oder beeinflusst. Er wirkt als messbare Bedingung (Beimaß), oft als Schnittstelle oder Konfiguration in der Informatik und als beschreibende Kennzahl in der Statistik“, erklärt Wikipedia.

In diesem Sinn existieren freilich viele Parameter, doch um der Thematik in diesem Buch gerecht zu werden, müssen sie in einen Einklang mit der Astrophysik gebracht werden können. Der Begriff des

---

[15] Falcke, H., Zwischen Urknall und Apokalypse, Klatt-Cotta (2025)

[16] Man nennt diesen Vorgang die Quantenteleportation, die zwei Quanten in Lichtjahre-Entfernungen auseinanderziehen kann, ein schwer vorstellbares Phänomen. Bewiesen ist dies erst für eine demgegenüber lächerliche Entfernung von 1400 Kilometer.

‚Dunklen' ist dabei zu gering, zu schwach, nicht aussagekräftig genug. Ich kann gar nicht verstehen, dass man zu diesem ungeheuren Ausmaß des unsichtbaren Universums von fast hundertfacher Größe des sichtbaren, noch dazu mit uns aufs Engste verbunden, kein enormes Aufhebens macht. Enthält doch schon das sichtbare Universum Trilliarden von Galaxienhaufen mit einer Ausdehnung von Milliarden Lichtjahren! Wieviel überwältigender das unsichtbare!

Es durchdringt alles und jeden, was mich massiv dazu stimuliert, die Suche nach dem wahren und realen Anfang weiter voranzutreiben. *Es,* nicht nur das Freudsche *Es,* das nichts mit der Sexualität zu tun hat, wie viele meinen, sondern ein Begehren ist, das lediglich in seinem Hintergrund einen für das Sexuelle typischen Charakter hat, muss zum Zug kommen. Dieser Charakter gibt den Dingen – egal welcher Art – eine Strahlkraft, eine Bewegt- und ‚Berührtheit', die bereichert und sogar der Wahrheitsfindung dient, die Freud in der Psychoanalyse für wesentlicher hielt, als den therapeutischen Zugang. Klar, diese Strahlkraft rüttelt das Innere mehr auf als reine philosophische oder astrophysikalische Nüchternheiten.

2. Ein bisschen Quantentheorie

Doch zuvor nochmals eine Bemerkung dazu, dass seit Menschengedenken der Anfang vor allem im Äußeren gesucht wird, in der elementaren Materie, in der Natur, und im Universum. Trotz all der großartigen Dinge, die man dabei herausgefunden hat, gab es immer wieder Einzelne, die gesagt haben: „Schaut nicht immer nur nach außen, schaut nach innen, geht mit euren Gefühlen, mit eurem Spüren und Wahrnehmen nach innen. Dort liegt das Geheimnis des Anfangs, des Wissens, der Wahrheit. Nur von dort aus kann man eine Religion, eine Überzeugung, eine Wissenschaft begründen." Der Philosoph Heller-Roazen hat diesbezüglich von innerem Berührungssinn, der Coenästhesie gesprochen.[17] Man hat das Wort ‚Touch' der englischen Originalausgabe mit ‚Sinn' übersetzt. Aber es geht um mehr, es geht um Berührung, Vitalität, Gemüt, Sehnsucht, Tiefengefühle, also um ein starkes Angerührtsein, oder um das psychische ‚Berührungs-Objekt', alles Begriffe für diesen auch Gemeinsinn genannten psychophysischen Zustand.

Dieser hat – wissenschaftlicher ausgedrückt – mit einer Koinzidenz, einer Innen/Außen-Spiegelung, einer Innen/Außen-Tonigkeit zu tun, die man beispiels-

---

[17] Heller-Roazen, D., Der innere Sinn (The Inner Touch), Archäologie eines Gefühls, Fischer (2012)

weise in der Psychoanalyse das früheste ‚Erlebnis'- und ‚Klang-Objekt' genannt hat.[18] Schon vor der Geburt ‚erlebt' das Kind die Wärme und die Erregungen der Mutter als etwas Eigenes, innerlich Objekthaftes, und hält den Herzschlag und das Sprechen der Mutter für sein eigenes rhythmisch Klingendes, Widerhallendes, Verlautendes. Die Psychoanalytikerin D. Birksted-Breen wies nach, dass Menschen, denen diese Fähigkeit zum ‚Erlebnis' und ‚Widerhall' in Form des inneren Sinns, fehlt, nicht träumen können und daher meist Schlafstörungen und psychische Probleme haben.[19]

Doch diese kindlichen, psychisch objekthaften Frühformen klingen ja ganz interessant und nett, aber für eine ernsthafte Thematik hinsichtlich des Anfangs als solchem, reicht das natürlich nicht aus. Da muss ich noch einmal zurückgehen zur Physik, zur Sternenkunde, zum Unsichtbaren und Unbewussten und all den Parametern, mit denen ich bereits versucht habe, der Anfangs-Sache, aber auch dem Innen/Außen-Phänomen, näher zu kommen. Die sogenannte Dunkle Energie kann zum Beispiel auch durch geometrisch-topologische Veränderungen erklärt werden. Neuere theoretische Ansätze schlagen vor, dass sie und somit die Beschleunigung der Expansion des Universums

---

[18] Maiello, S., Das Klang-Objekt, PSYCHE Nr. 2 (1999) S. 137-157
[19] Birkstedt-Breen, D., Internationale Psychoanalyse,5():43-66

durch topologische Veränderungen in der Raumzeit verursacht werden, ein anderer Ausdruck für das Entfliehen des Lichts durch die zu schnelle Ausdehnung, die der Blick nicht mehr einholen kann.

Aber auch für die der dunklen Materie geltenden Seins-Zustände werden kühne Erklärungen genutzt, um deren Verteilung und deren sogenanntes "Verklumpen" zu modellieren, da diese die Gravitationslinseneffekte und die Bildung der Großstrukturen beeinflussen würden. Aber damit bin ich schon wieder zu weit vorausgeeilt, so wie bei der Frage nach der Lautlosigkeit, der Stille, im Universum. Über all das müsste man ja eigene Bücher schreiben. Ich will es einfacher machen. Grundsätzlich bleibe ich bei dem, was man herkömmlich zum Begriff und dem Wesen des Universums sagt und was einen gewissen Schwerpunkt des gesamten Textes darstellt.

Denn natürlich gibt es – was also auch den Untertitel dieses Buches angeht – keine Psychoanalyse des Universums. Ich habe mich von dem Philosophen und Wissenschafts-Theoretiker G. Bachelard verführen lassen, der ein Buch mit dem Titel ‚Psychoanalyse des Feuers' geschrieben hat, die es so gesehen selbstverständlich auch nicht gibt. Aber es ist klar, was er meinte: den subjektiven Effekt, den das Feuer als wohltuendes, herrliches, symbolisches einerseits und bösartiges, weltvernichtendes und grausames andererseits vermittelt. Derartige zwei Seiten einer Wahrheit gibt es auch beim Universum.

Die eine besteht darin, den Anfang des Universums so zu erklären, wie ich es bereits im Vorkapitel versucht habe. Die kosmologische Inflation, das, was der Astrophysiker Prof. Falcke den ersten Urknall nannte, d. h., die Phase extrem rascher, exponentieller Ausdehnung des Universums, die es um einen Faktor von mindestens 10^{30} cm vergrößerte, ist eine irre und unvorstellbare Weite. Früher hat man diese Inflation als einen dem Urknall nachfolgenden Vorgang bezeichnet, aber ich halte mich jetzt an Prof. Falcke, der sie zur ersten und wohl wegen der dunklen Energie – wie er schreibt – zur „spekulativeren" Seite seiner Betrachtung zum Anfang macht. Schon lange ist bekannt, dass sich zwei oder drei Quanten (z. B. Photonen) vollkommen miteinander verbinden können und so, durch diese Quantenverschränkung, unendliche und mit Überlichtgeschwindigkeit überbrückte Weiten erzeugt würden, indem sie ein einziges gemeinsames System in Form der dunklen Energie bilden (siehe Kommentar zur Quanten-Teleportation Fußnote 15).

Aber lässt sich dies mit der Einsteinschen Relativitätstheorie verbinden? Nein, überhaupt nicht, wie der Quanten-Physiker F. Verstraete in seinem neuesten Buch schreibt: „Bis heute sind Quantenphysik und Gravitation zwei getrennte Kontinente mit einem tiefen, großen Meer dazwischen... Es ist eine Illusion zu glauben, es gäbe eine konsistente Theorie, die alles beschreibt."[20] Die Relativitätstheorie dreht sich hauptsächlich um die Gravitation, die Schwerkraft, die zwar als eine Kraft des Sich-Zusammenziehens gemessen, aber letztlich nur durch die Krümmung der Raumzeit verstanden werden kann.

Quanten können diesbezüglich nicht helfen, das heißt, man hat bis jetzt keine Theorie der Quantengravitation erstellt, die den Zusammenhang von Schwerkraft und Energie bewiesenermaßen klarstellen würde. Die wird es auch nicht geben, beziehungsweise nur durch sehr aufwendig konstruierte Theorien, die, wie etwa die Stringtheorie oder die Supersymmetrie, äußerst kompliziert zusammengebastelte Erklärungen sind. Trotz intensiver Suche am LHC-Teilchenbeschleuniger konnte SUSY (Supersymmetrie) bisher experimentell nicht nachgewiesen werden, und die Stringtheorie benötigt zehn oder mehr Raumdimensionen, also etwas ziemlich noch Absurderes. Dennoch werde ich auf dem Weg zu verschiedenen Parametern noch kurz bei der Quantenphysik bleiben, die gute Vermittlerdienste leisten kann.

[20] Verstraete, F., Broeckaert, C., Warum niemand die Quantentheorie versteht, aber jeder etwas darüber wissen sollte, C. H. Beck (2025)

Es muss nämlich der zweite Urknall dazukommen, der Zusammensturz des energetischen Riesenraums mit dem schon erwähnten ‚Ausfrieren' der Materie, um eine wenigstens einigermaßen zufriedenstellende Erklärung für die astrophysikalischen Vorgänge zu haben. Oder war nicht die erste Energie bereits auch Materie, wie Prof. Falcke wegen der von Einstein festgelegten Gleichwertigkeit von Materie und Energie schreibt? Wie in der ersten Fußnote (bzw. Anmerkung) seines Buches vermerkt ist, finden sich hier deutliche Ungereimtheiten, weshalb man dort auch die Stringtheorie zu Hilfe nimmt, die ich als noch unbrauchbarer geschildert habe.[21]

Diese Fußnote ist lesenswert, denn sie enthält all die nicht zusammenpassenden Parameter (Kenngrößen) des Anfangs des Universums. Meines Erachtens kann man sich vorerst nur auf das Unsichtbare, auf das Dunkle von Materie und Energie und deren völlig ungeklärten Zusammenhang beziehen, wenn man unbedingt bei dieser astrophysikalischen Erklärung bleiben will. Vereinfacht kann man argumentieren, dass das unsichtbare Universum auf jeden Fall vor dem sichtbaren entstanden ist, und die beiden sich scheinbar unversöhnlich gegenüberstehen, obwohl sie völlig

---

[21] Universe Forum, https://lweb.cfa.harvard.edu/seuforum/bb_whatpowered.htm

ineinandergreifen. Vor allem für das unsichtbare Universum wird man wohl andere Parameter benötigen.

Und damit zur anderen Seite der Annäherung an das Anfangsproblem, in der beschrieben wird, dass das sichtbare Universum ja nur aus ca. 5 % des gesamten Universums besteht, was weiter zu den zahlreichen unbewiesenen Spekulationen über den unsichtbaren Teil angeregt hat. Doch der Wahrheit, um die es ja letztlich bei der Frage nach dem Anfang geht, dient dies nicht. Warum sollte man nur physikalische oder astronomische Begriffs-Parameter für das Wesen des unsichtbaren Universums verwenden, wo es doch bedeutsamer ist als das sichtbare, und einen so extremen Innen/Außen Charakter hat? Wie kommt man überhaupt auf solche Begriffe wie Dunkle Materie und Dunkle Energie, wenn davon nichts hundertprozentig fassbar und messbar ist?

Es war der Schweizer Astrophysiker F. Zwicky, der 1933 auf die Idee kam, von der dunklen Materie zu sprechen, weil Galaxien sich so schnell drehen würden, dass sie von einer unsichtbaren Kraft, Masse, Gravitation, gehalten werden müssten, um nicht auseinanderzudriften. Ein anderer Astrophysiker, der Amerikaner M. Turner, entwickelte die These der dunklen Energie, einer ebenso völlig unbekannten Kraft, die das Universum auseinander treiben würde, eine Antigravitation sozusagen. Damals war man noch nicht offen dafür, auch andere Parameter für diese Vorgänge zu nutzen. Aber heute ist man voll berechtigt, für den Anfang des Universums nach ganz anderen Prämissen Ausschau zu halten.

Ein Hauptproblem zwischen Quantentheorie und Relativitätstheorie bestand – und besteht eben in gewisser Weise auch heute noch – darin, dass Einstein darauf beharrte, dass in einem realistischen System alle Eigenschaften lokal miteinander verbunden bleiben (lokaler Realismus). Es kann nicht sein, dass allein von der Beobachtung her unterschiedlich örtliche Verhältnisse berücksichtigt werden müssen, weil sonst unterschiedliche Ergebnisse herauskommen. So gilt ja in der Quantenphysik, dass eine bestimmte ‚Verschränkung' der Quanten miteinander und ihrer Umgebung, die Messungen stört. Fällt Licht, also Photonen, auf die Beobachtung von Quantenvorgängen, so reagieren die beobachteten Quanten mit den Lichtquanten und ergeben so ein anderes Ergebnis, als wenn man nur im Dunkeln darauf schaut – wo man aber nichts sieht.

Bei Verstraete quält man sich durch die vielen Stadien hindurch, in denen die Quantenphysik entwickelt und erweitert wurde, bis zum Schluss die Heisenbergsche Unschärferelation allen Spekulationen ein Ende setzte. Nach dem Physiker W. Heisenberg kann man von einem Quant, der kleinsten Energieeinheit, niemals Ort und Impuls gleichzeitig messen. Man kann also über die Quanten schon vorab nichts Genaues sagen, obwohl vieles in der diesbezüglichen Theorie trotz der Unschärfe gut erforscht und stimmig ist. S. Kochen, ein Quantenmathematiker, hat daher eine philosophische Lösung vorgeschlagen: Man solle bei den Messungen den Kontext, also den beschreibbaren Zusammenhang verschiedener Messungen, kennen. Denn dann könnten die Beobachter die Störfaktoren vermeiden. „Die bekannte Philosophin H. Arendt war von diesen – nicht mehr physikalischen, sondern eben philosophischen – Erkenntnissen der Quantenphysik dermaßen begeistert, dass sie einen Teil ihrer Philosophie darauf aufbaute", schreibt Verstraete auf Seite 176 seines Buches.

Gewiss werden es keine philosophischen Parameter sein, die das sichtbare mit dem unsichtbaren Universum verbinden, oder die letztlich die Quantenphysik und die klassische, Einsteinsche Physik zusammenbringen. Das hat ja der Philosoph K. Vieweg in seinen Erwägungen zum Anfang allen Daseins schon gezeigt. Und selbstverständlich werden es auch nicht klassische psychoanalytische Begriffe sein, auch wenn ich im Untertitel des Buches von einer Psychoanalyse des Universums geschrieben habe. Aber es könnten Parameter sein, die zählen, die eine signifikante Wertigkeit haben. Zwar nicht im rein mathematischen Sinne, aber eben doch im signifikanten Sinne. Also im wörtlich signifikanten, wie es die vielen Begriffe rund um das Coenästhetische angedeutet haben.

Ich erinnere damit nochmals an den Bibelspruch „Am Anfang war das Wort", das Inner-Linguistische, das nicht nur das Neue Testament, sondern auch Goethes Faust so stark bewegt hat. Freilich kann es sich nicht um das Wort der gängigen Verbalsprache gehandelt haben. Aber worum dann? Der Astrophysiker M. Pössel konnte beispielsweise bei Neutronensternen ein Schallphänomen eruieren, das in die Nähe von Morsezeichen gerät und so vielleicht sogar etwas Sprachliches von sich geben könnte. Es geht um „Gravitationswellen, die [in dieser Weise] astronomische Objekte aussenden und die in einiger Hinsicht mehr einem Orchesterklang als einem Bild ähneln.[22] . . . Diese Signale lassen sich daher in hörbare Töne ‚übersetzen', was – wie der Autor sagt – einer Art von ‚Zirpen' entspricht, einem Ton, der leise und tief beginnt, und dann immer höher und immer lauter wird."

Nun signalisieren Neutronensterne, die eine ungeheuer dichte Masse und Schwere haben, eher das Ende des Universums als den Anfang. Es kann bei diesem mysteriösen ‚Anfangs-Wort' , dem Zirpen, wohl nicht um etwas Akustisches gehen, obwohl Pössel schreibt, dass dieses Zirpen den Charakter von Sinus-

---

[22] Pössel, M., Die Wellennatur der Gravitationswellen, in: *Einstein Online* Band 3 (2007), S. 1106

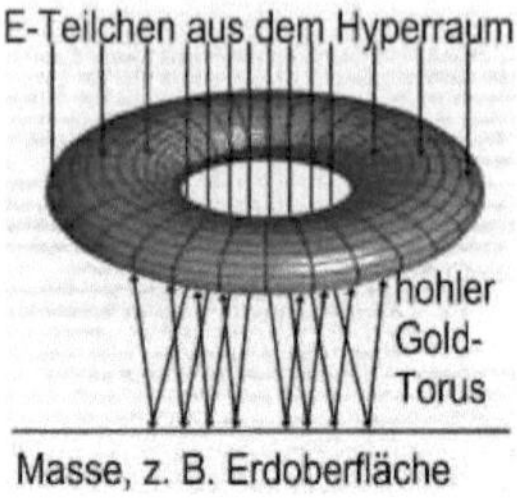

kurven aufweisen, wie sie Schallwellen haben. Eine kuriose, aber auch völlig unsinnige Theorie, nämlich die des sogenannten ‚Urwortes', erstellte der Physiker M. König: „Durch einen Gold-Torus gebündelte Essenz-Elektronen" würden auf das menschliche Gehirn in einer Weise wirken, dass dort Sprachzeichen entstünden (siehe Abb.). Man müsste sich nur daruntersetzen, doch das Ganze ist skurril, erinnert aber auch fast ein wenig an Lacan und dessen Theorien über den Torus, zu dem ich noch etwas sagen werde.

Doch letztlich argumentiert Lacan hinsichtlich dieses anderen Parameters, der zählt und auf dem man aufbauen könnte, Folgendes: „Die Natur liefert Signifikanten.[23] Noch vor jeder Erfahrung, vor aller individuellen Deduktion und noch bevor überhaupt kollektive Erfahrungen ... sich niederschlagen, gibt es etwas, das dieses Feld organisiert und die ersten ‚Kraftlinien' in

[23] Gemeint sind damit auch erste ‚maßgebliche Bilder' wie Sonne, Mond und Sterne, die – laut Lacan – als imaginäre *Signifikanten* Bedeutungswirksamkeit im Sinne ‚frühsprachlicher' und eben mehr Zeichen von erscheinungs-wirkenden Symbolen besitzen können. Psychoanalytisch hängt dies stark mit der sogenannten Mutter-Imago zusammen, einem ‚Gefühls- und ‚Berührungs-Objekt' aller Lebewesen, aber besonders des Menschen.

es einschreibt ... die Funktion einer ersten Klassifizierung. Wichtig ist für uns, dass wir hier die Ebene erkennen, auf der es – noch vor jeder Formierung eines *Subjekts*, das denkt – bereits zählt, auf der gezählt wird. Wichtig ist, dass in diesem Gezählten ein Zählendes schon da ist".[24] Ein Zählendes, das auch schon ein Er-Zählendes ist, ein Sprechen, ein *Es* – das *Es* des oben genannten generellen Unbewussten –, das zählt. *Es* zählt, weil *Es* eben auch *Spricht*.

Es muss also nicht etwas Physikalisches sein, das in diesem Sinne *Spricht*. *Es* kann auch etwas aus diesem so seltsamen, unsichtbaren Universum sein, das zählt und etwas symbolisieren kann, und zwar von sich aus, also lange bevor es einen Menschen gab, der die Mathematik erfand, oder bevor es verbale Sprache gab. Vielleicht etwas Coenästhetisches, aber doch auch primär Prozesshaftes, wie Freud es den Triebkräften zusprach. Lacan konstatiert, dass Sprache ebenso bereits am Anfang existierte. Man benötigt nur + und – Zeichen für An- und Abwesenheit, also einen „symbolischen Automatismus", um – ähnlich wie bei Morsezeichen – etwas Sprachliches zur Verfügung zu haben. Es müssten gar nicht Neutronensterne sein, um das Universum – sowohl das sichtbare wie das unsichtbare – sprechen zu lassen.

---

[24] Lacan, J., Die vier Grundbegriffe der Psychoanalyse, Walter (1980), S. 26

Klingt wahrscheinlich alles viel zu verwegen. Man könnte auch so argumentieren, wie es die Astrophysikerin Lisa Randall beschreibt, dass das unsichtbare Universum, das sie ein Parallel-Universum nennt, an jeder Stelle so irrsinnig nahe mit dem sichtbaren Universum verbunden ist, nämlich nur im Abstand von 10^{-31} cm, sodass man beide kaum trennen kann.[25] *Es* ist damit so eng, so berührungsecht, so unglaublich stark fusioniert vorhanden, wie die topologischen ‚Kraftlinien', wie das Zählende und Erzählende, wie das Unbewusste, das ebenfalls zählt, indem *Es Spricht*: „Çà parle dans l'inconscient", wie Lacan sagt: *Es,* das generelle *Es, Spricht* im Unbewussten und so auch im Universum? Ich lasse die Frage noch offen.

Auf jeden Fall sind diese 10^{-31} cm so unfassbar winzig, dass es einen idealen Fall für die Koinzidenz des Innen/Außen darstellt. Obwohl sich das unsichtbare Universum (wie das sichtbare) weit außen zu befinden scheint, ist es auch in jedem Menschen anzutreffen, und damit ist der Ruf, nicht immer nur im Außen zu suchen, sondern doch gleich im Inneren anzufangen, ganz aktuell. Was die Bereiche der Quanten betrifft, deren kleinster durch die Plancksche Wirk-

[25] Ich erinnere nochmals an die Lichtflucht, die es durchaus geben kann, nur wirkt dann das entflohene Universum wieder auf das sichtbare zurück, wie es speziell auch die ‚projektive Geometrie' nachweist. Der Begriff des Unendlichen ist so unsinnig wie der Begriff des Zeitlosen.

konstante von etwas weniger als 10^{-33} (in Joule gerechnet) bis 10^{-28} (in cm gerechnet) gekennzeichnet ist, könnte der Übergang vom sichtbaren zum unsichtbaren Universum hinsichtlich der Quantenmechanik zwar im Bereich der genannten Größenordnungen liegen, umso interessanter ist jedoch dann die Frage, was das Verbindende in diesem 10-31 cm sein könnte. Denn dann wäre man fast gezwungen, andere als physikalische Parameter zur Beurteilung dieses praktisch ‚identitätsgleichen' Abstands zu verwenden.

Physikalisch gesehen könnte es freilich so ausgesehen haben, wie der Astrophysiker H. Falcke es als ersten Urknall beschrieb. Aber was sollte man dann als das Wesentlichste in diesem ersten Urknall wählen? Um nicht wieder an der Frage zu scheitern, was vor dem ersten Urknall da war, etwa die Leere oder sonst etwas, müsste man doch wieder zur Wahrheit als Anfang zurückkehren, was H. Arendt erneut begeistern würde, wenn sie noch lebte. Denn warum sollte nicht hinter, über oder eben im Inneren eines jeden einzelnen Menschen ein unsichtbares Universum in Form einer versteckten Wahrheit ruhen?

Das Wissen über die Gravitation und über die Quanten ist – weiter Bereiche umfassend – zwar da, „und doch erweisen sich die beiden Theorien als nicht kompatibel", schreibt Verstraete am Schluss seines Buches. „Irgendetwas muss da doch nicht stimmen.

Was ist es, das wir nicht verstehen? Haben wir (wieder einmal) etwas übersehen?“, konstatiert er verzweifelt. „O je. Was nun? . . . Ist es eine Illusion, zu glauben, es gäbe eine konsistente Theorie, die alles beschreibt?“[26] Nein, gibt es nicht. Wir haben Unmengen von gesichertem Wissen, aber keine Wahrheit.

Ich muss an dieser Stelle noch ergänzen, dass ich mich mit meinen Beschreibungen – vor allem auch zur Quantentheorie – klar von dem abgrenzen möchte, wie es auch Verstraete tut, der heftig Esoteriker kritisiert, die Psychisches in die Quanten hineinverlagern möchten. Wenn ich die Psychoanalyse und die Wahrheit anvisiere, handelt es sich nicht um Bewusstseinszustände, wie es auch der Physiker F. Capra schon in den Siebzigerjahren mit seinem ‚Tao der Physik' versucht hat, indem er sich fragte, ob die Quark-Symmetrie nicht ein neues Koan sei, also aufgebaut wie ein zenbuddhistisches Rätselwort. Das waren faszinierende, aber absurde Analogien.[27] Ähnliches gibt es sogar auch von vielen Wissenschaftlern anderer Couleur, aber sie lassen eben nicht das Wissen der Wahrheit dienen, sondern nur sich selbst.

In meinen Thesen handelt es sich um Unbewusstes, das Lacan an den topologischen Figuren der Einstein-

---

[26] Verstraete, F., Broekaert, C., Warum niemand die Quantentheorie versteht, C. H. Beck (2025)
[27] Capra, F., Das Tao der Physik, Scherz Verlag (1987) S. 246

schen Geometrie festmacht, die – wie gesagt – auch Bezug zum Innen/Außen und zu etwas Frühsprachlichem haben. Das ist Wissenschaft, die nicht die Quantenobjekte betrifft (zu denen auch die Quarks als Bestandteile der Atomkerne gehören, aber nichts Größeres), sondern all das, was die Quantenphysik noch als Ungeklärtes übriggelassen hat und was ich mit anderen Parametern erklären muss als eben nur physikalischen. Ausnahme: der Bezug zu den Neutrinos im nächsten Kapitel, zudem Berührungspunkte, bezüglich derer sich auch H. Falcke heftig bemühte, sie einem Gott und dessen Kirche zu überantworten.

Diese angstvolle Rückversicherung aufs Religiöse hat schon der Philosoph Blaise Pascal versucht, mit der Wette auf Gott zu lösen: Wettet man, dass er nicht existiert, hat man nichts gewonnen, im umgekehrten Fall aber, lässt man wenigstens die Möglichkeit offen, dass es ihn gibt, und allein das ist schon ein Vorteil. Na ja, es klingt trotzdem nach einem Riesen-Taschenspielertrick. Da war der Ausdruck mit Gott als einem ‚unsterblichen Gerücht' vielleicht doch besser. Oder gibt es eben einen Moment der Unklarheit, den ich mit Lacans Psychoanalyse und seiner Topologie überbrücken könnte, weil sie als idealer Parameter für das unsichtbare Universum als ein Innen/Außen gelten würde, und damit auch für theologische Fragestellungen?

Es muss ein anderer Parameter sein, einer, der mehr sagt, als nur die irre Nähe der beiden Universen. Einer, der diese Liebschaft, Intimität, von Innen/Außen zelebriert. Auch wenn es nichts Coenästhetisches ist, es muss etwas Melodisches, Musikalisches, Rhythmisches oder Bildhaftes, Glänzendes, in diese nüchternen Diskurse hineinkommen, und nicht nur das Zerreißende des Urknalls oder das Einschläfernde geistiger, psychologischer und philosophischer Theorien. Diese entsetzliche Überwältigung durch Trillionen von Galaxien oder das Schreibmaschinen-Gehämmere von theoriegeleiteten Buchstaben und Buchstaben, muss aufhören. Wir brauchen Laute, Kantilenen, Gedichte, Innen/Außen Erfahrungen, erotische ‚Visionen' oder Lyriken, die in jedem vorhanden sind und wohl trotz ihres sprachlichen Charakters nichts sagen.

Das heißt, es soll nichts zu viel gedanklich belasten, nichts zu romantisiert und schwülstig daherkommen, sondern eher noch reines, „animalisches Echo" sein, wie es der Psychoanalytiker und Schriftsteller W. Schmidbauer nannte.[28] Die Tiere und auch die frühesten Menschen besaßen noch diese animalische Wärme, Angerührtheit (Berührtheit) und emphatische Lust. Die meisten Psychoanalytiker würden mit Schmidbauers Deutung allerdings nicht übereinstim-

[28] Schmidbauer, W., Das animalische Echo, Reclam (2026)

men. „Animalisch" würde ihnen zu tierhaft wild klingen und nicht ‚libidinös', animistisch begehrlich, menschlich. Sie würden statt vom animalischen Echo eher von der herzensguten und gleichzeitig monsterhaften Mutter-Imago sprechen, also dem frühesten Unbewussten, der Sphinx, wie sie am Anfang der griechischen Mythologie auch Ödipus begegnet.

Lacan nannte sie die „Mutter-Sache", das Urgeschöpf, das im Unbewussten herumspukt und das man – psychoanalytisch – gut auch im unsichtbaren Universum vermuten könnte. Gerade hinter diesem Spuk der Quanten, die sich nicht exakt ins astrophysikalische Weltbild einfügen lassen, gerade in dieser extremen Nähe zum Menschen und allen Dingen, würde solch ein Ausdruck doch viel besser passen. Schließlich lebt wohl gerade das unsichtbare Universum durch etwas Magisch-Weibliches, Mutterhaftes, und könnte so ebenfalls mit dem Anfang zu tun haben.

3. Pyrrhon und die Neutrinos

Einen besonderen Zugang zum Anfang haben auch die Stoiker, weshalb ich mich kurz auch ihnen zuwenden muss, bevor ich wieder zum Astrophysikalischen zurückkehre. Für die stoische Gruppe von Philosophen und Mystikern sowie für Zen und Yoga existierte gar kein Begriff eines konkreten Anfangs. Es gab nur das Dasein als solches, das man auf sich wirken ließ, ohne es intellektuell und allzu hinterfragend zu beeinflussen. Die Stoiker behaupten damit, dass sie sich gleichsam ständig im Urzustand von Welt und Universum befinden würden. Um die Zusammenhänge etwas anschaulicher zu machen, füge ich hier eine weitere Abbildung des Lacanschen Bo-Knotens ein.

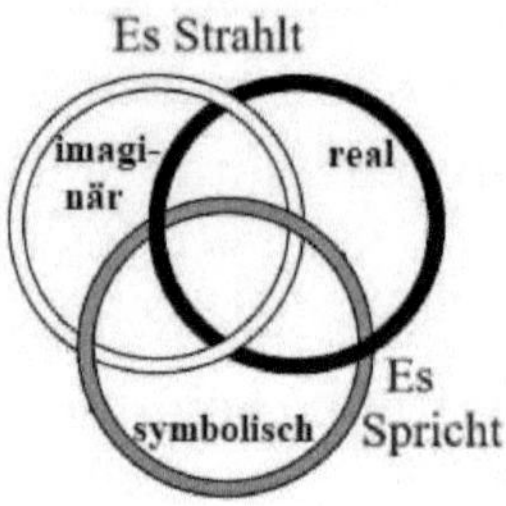

Ich betone nochmals, dass die einzelnen Schlingen des Knotens nur in der Dreiheit konkret sind. Das Wegfallen oder Kleinerwerden einer Schlinge deutet eine Schwäche in dem entsprechenden, unbewusst psychischen System an, und um das zu vermeiden, achteten die Stoiker darauf, es mit Zurückhaltung, Introvertiertheit und Meditation möglichst unberührt zu lassen. In der Abbildung ist auch zu sehen, dass die Verbindung von Realem und Imaginärem etwas ergibt, das ich mit dem Schautrieb erklärt habe, vereinfacht aber auch das *Es Strahlt* nenne, weil es Bezug hat zu dem Freudschen Begriff des *Es* und der ‚Vorstellungsrepräsentanz'. Diese ist etwas Schillerndes, Scheinendes, Unverständliches, schautriebhaft Unbewusstes, ein urverdrängtes Genießen, ein imaginärer Signifikant, ein ‚ultrasubjektives Ausstrahlen` (Lacan) und anderes mehr.[29]

Letztlich geht es darum, die tausenden von unbewusst begehrten Bildern, Blicken und visuellen Vorstellungen des Unbewussten in eine verständliche Sichtung und klare visuelle Repräsentanz zu verwandeln. Das Tier hat damit keine Probleme, seine Sichtung ordnet sich automatisch nach Freund und Feind, Paarung und Rivalität, Darben und Fressen. Aber die menschliche Schaulust, der visuelle Trieb, die 'Vorstellungsrepräsentanz', bleibt im Unbewussten der Psychoanalyse stets etwas unverständlich. Mit dem Begriff des *Es Strahlt* kann ich mich vorerst aus der Debatte heraushalten.

Ihm steht das *Es Spricht* gegenüber, also das, was sich im Unbewussten symbolisch ordnet und so Ausdruck der Verbindung von Realem und Wort-Wirkenden, des beim Menschen so wichtigen Sprechtriebs (Lacan: Invokationstrieb) ist. Gerade der Begriff *Es*

---

[29] Lacan-entziffern.de., Vorstellungsrepräsentanz

Spricht drückt die reale Unmittelbarkeit des alltäglichen Geredes, Tratsches, philosophisch oder juristisch umständlich ausufernd Formulierenden aus, während der Lyriker sich darin poetisch verliert. Es kommt so etwas ins Spiel, was ich bereits mit dem ‚symbolischen Automatismus' angedeutet habe. Imaginäres und Symbolisches ergeben zusammen den Drang nach Sinnhaftigkeit, nach Wahrheit und Bejahung (das Unbewusste kennt kein Nein, sagt Freud).

Am besten bezieht man sich bezüglich dieses Knotens und der Stoiker auf den altgriechischen, stoischen Philosophen Pyrrhon von Elis (360–270 v. Chr.), der ein totaler Skeptiker war und als erkennbar nur das unmittelbar Erscheinende, also diese Art einer primären Gelassenheit und Gemütsruhe, gelten lassen wollte: sowohl sich als auch das Universum.[30] Für die Stoiker galt das Universum als lebendig und rational, sozusagen vernunftbegabt. Es würde durch den Logos gelenkt – einem Prinzip von Vernunft, Struktur und Kausalität.

Dieses in und durch sich selbst geltende betrifft also auch das Universum. Nichts ist bewiesen, sagte Pyrrhon, und so glaubte er nur an das ihm unmittelbar Geschehende, unmittelbar Erscheinende und im ‚Ein-

[30] Sextus Empiricus, Grundriss der pyrrhoneischen Skepsis, Suhrkamp (2021)

heits-Zug‘ Wahrzunehmende. Dies besaß aber dann auch schon von sich aus Wirkung, war Wirkendes per se, also auch Symbolisches, signifikant Wort-Wirkendes, indem es so bereits ins Imaginäre hinüberreichend Befriedigung und Beglückung (ευδαιμονία, Eudaimonia) erzeugte, das ‚urverdrängte Genießen‘, psychoanalytisch und modern gesagt.

Pyrrhon von Elis

Alles gedanklich zu sehr Fixierte lehnte er ab, und so wurde er auch von Lacan respektiert, weil ja auch der Psychoanalytiker vor zu schnellem Wissen um der Wahrheit willen Halt machen muss. Das Wissen muss sich der Wahrheit unterordnen, immer neues Wissen bringt nur begrenzten Fortschritt. Darin waren sich Lacan und Pyrrhon einig.[31] Das haben alle Stoiker so gesehen, nicht nur Pyrrhon aus Elis. Jede Wahrnehmung und jedes Urteil müsse hinterfragt werden, eine Aussage, der auch Cicero, Erasmus von Rotterdam, Montaigne, David Hume und viele andere, selbst moderne Denker wie Odo Marquard, zustimmten. Denn sie alle waren Anhänger Pyrrhons.

Man sollte sich lediglich der άταραξία, Ataraxie (Seelenruhe, Unerschrockenheit, Gleichmut) hingeben

[31] Brusa, L., Between Truth and Relativism, filozofski vestnik, Vol. XXXIII, 2. 11. 12

und im Staunen und sich Wundern etwas von der Wahrheit und Wirklichkeit der Dinge herausholen. Warum immer gleich mit einer Meinung und Behauptung loslegen, wo doch klar ist, dass die letztliche Gewissheit, also der ultimative Anfang, aus sich selbst kommen muss, wo niemand sich hineinmischt und voreilig Thesen aufstellt? Das Prinzip der Pyrrhoneer – oder sollte man vielleicht modern sagen: deren Algorithmus – war das επεχειν (epechein), das Sich-Zurückhalten, das Sich-Weghalten, das Skeptisch- und Verinnerlicht-Bleiben.

Die Skeptiker nannten die Liebe zum Leben eine Intelligenz, und sagten, dass man darauf allein eine Wissenschaft aufbauen könnte. Mit Zahlen hatten sie nichts am Hut. Hätten sie Archimedes gekannt, hätten sie ihn für einen Verrückten gehalten. Sie verhielten sich also krass gegenteilig zu den heutigen Techno-Überfliegern und KI-Milliardären aus dem Silicon Valley, die nicht nur verrückt sind, sondern auch hypertroph, weil sie glauben, weit, weit vorn zu sein, indem sie Algorithmen verwenden, deren Mathematik nicht immer durchschaubar ist.

„Es gibt eine Kunst, besser zu denken, und wir haben sie herausgefunden“, schreiben diese Technokraten. „Wenn Sie sie erlernen, können Sie alle Ihre Probleme lösen, brillant, fleißig, erfolgreich und glücklich werden und zu einer kleinen Elite gehören, die nicht nur die Gesellschaft, sondern," wie der Wissenschaftsjournalist M. Moorstedt zitiert, „die gesamte Zukunft der Menschheit prägt."[32] Wegen dieser krankhaften Hybris, wegen dieser maßlosen selbstsüchtigen Übertreibung und wegen dieser paranoiden Dummheit, muss ich über die Stoiker und Pyrrhon schreiben. Denn im Gegensatz zu Epikur und Lukrez, den Philosophen der Angepassten, gibt es bei den Stoikern und bei Pyrrhon kein Zu weit vorn oder hinten und kein Vor und Danach, was die rechtsautoritären Silicon-Valley-Leute überhaupt nicht verstehen können.

Bei den Stoikern und bei Pyrrhon verweilt man im Staunen, man ist vom Wirkenden angetan, mehr braucht es nicht, um es nur zu nutzen. Pyrrhon setzte sich diesem ursprünglichen Wahrnehmen, meditativem Erfassen des *Es Strahlt* und des Vorstellungshaften (durchaus vergleichbar der Freudschen ‚Vorstellungsrepräsentanz') einfach so direkt und unmittelbar aus, weil dies für ihn die ursprünglichste, aber auch alltäglichste Lebenserfahrung, die ἀνάγκη παθῶν (ananke pathon), die Vorzeichnung, die Vorgegebenheit war. Diese ursprüngliche Erscheinung als solche war also etwas, was man wohl nur in tiefster

[32] Moorstedt, M., Die neue Religion des Silicon Valley, SZ vom 4. 9. 2025, S. 9

Ruhe und in einem dafür besonderen Bereit-Sein erleben kann. Eben, in der Verwunderung und im Erstaunt-Sein, was selbstverständlich auch ans Meditieren, an das In-sich-Kehren, erinnert.

Die Stoiker haben nichts vom unsichtbaren Universum gewusst, und doch verhalten sie sich so, indem sie auf das Ursprünglichste setzen, das eben nicht sichtbar ist, aber durch die Ataraxie doch erfahrbar wird. In der ausgeprägten Ataraxie weiß man nicht so ganz genau, ob das zu Sehende innen oder außen ist, und deswegen bemüht sich der Stoiker gar nicht um eine feste Unterscheidung. So schreibt der Psychoanalytiker R. Nemitz: „Die Pyrrhonische Schule ist für uns interessant, weil sie als einzig mögliche Angleichung an die *unverständliche Vorstellung* die Methode der Urteilsenthaltung empfiehlt.[33] Das hat sie dazu gebracht, jedes Dogma, jede Weltanschauung zurückzuweisen. Darüber hinaus ist für uns ihr Wahrheitsverhältnis von Bedeutung“.

Und weiter: „Für die Skeptiker der Pyrrhonischen Strömung ist die Wahrheit etwas, was nicht erkannt werden kann und was auch nicht zurückzuweisen ist;

---

[33] Die unverständliche Vorstellung betrifft also wieder die ‚Vorstellungsrepräsentanz‘, das imaginär Unbewusste, das zu uferlos geträumt, assoziiert und phantasiert wird und am Anfang der psychischen Entwicklung steht, das *Es Strahlt*.

die Wahrheit ist vielmehr etwas, was in der Schwebe gehalten werden muss, und man muss sich an ihre Wirkungen anpassen. Auch auf die Gefahr hin, dies später entwickeln zu müssen, möchte ich behaupten, dass dies ein Echo erzeugt zu Lacans Bezugnahme auf die Wahrheit als Ursache. Einer dieser Wahrheitseffekte ist nämlich das Schweigen. Für die Skeptiker wie für uns gibt es davon zwei Arten: das Stillsein (*se taire*) als Zurückhaltung gegenüber dem, was man nicht versteht, und das Schweigen, lat. *sileo*, als Wahrheitseffekt".[34]

Dass tiefes Schweigen (franz. *silence*) eine Wahrheit hervorbringen kann, leuchtet ein. Es ist klar, dass der Gesprächs-, Dialog- oder auch Streitpartner, die Zurückhaltung, die ‚silence', bemerkend, auch einen Moment innezuhalten vermag, nachdem er sich umschweifig ausgesprochen oder in Rage geredet haben wird. Denn dadurch wird deutlich, dass etwas fehlt, querliegt oder *unverständlich* ist, und es offenbar den *Anderen* braucht, den Verbindlicheren aus unbewusstem Blick und unbewusster Stimme, den Schiedsrichter oder Wort-Klang-Bild-Vermittler, der gar keine Vorstellungen hat, der satzlos ist und keinen Sinn beansprucht, zumindest keinen voreiligen, sondern –

---

[34] Nemitz, R., Was ist ein Signifikant? https://lacan-entziffern.de

wie oben gesagt – die Identität auch direkt wort-wirkend macht im *Strahlt/Spricht.*

Ich hoffe, dass ich jetzt nicht selbst zu unverständlich geworden bin. Es geht ums Unbewusste, um das, was alle Menschen in ihren Reden und ihrem Verhalten zu einem großen Teil tun und in einer Psychoanalyse aufgedeckt werden kann. Die Stoiker wollen, dass *Es* sich von selbst – wahrheitsgemäß – enthüllt, ist doch die Wahrheit Ursache von vielem, ja vielleicht von allem. Es ist vielleicht am besten mit der Pyrrhonischen Urteilsenthaltung und mit der in der Schwebe gehaltenen Wahrheitsfindung zu begreifen, die mehr ist als nur ein blandes Verstehen. Lacan betonte oft, dass Verstehen nur ein angepasstes Stehen sei, ein Stehen in der richtigen Position, oder ein zu schnelles und zu hastiges Begreifenwollen. Die Dogons in Afrika, die behaupteten, dass „die Weißen zu viel denken“, stehen immer richtig – zugegeben, aber sie verharren in dem einmal eingenommenen Standpunkt, den ihre Erdscholle bestimmt, und denken somit vielleicht wieder zu wenig.

Auch der Patient in der analytischen Psychotherapie wird aufgefordert, eine ähnliche Haltung einzunehmen. Er soll „frei assoziieren“, also spontan alles äußern, was ihm in den Sinn kommt, wobei er ebenfalls das ‚gerichtete Denken’ ausschaltet und so lernt, wie die Dogons zu denken, aber ohne darin zu verharren. Im Denken und Nichtdenken hin und her pendelnd soll man, so heißt es auch bei Pyrrhon, zu der erwähnten ἀταραξία, Ataraxie gelangen. Nietzsche schrieb einmal eine Geschichte über den Dialog Pyrrhons mit einem alten Mann, der damit endete, dass alle Philosophie nur Schweigen oder Lachen sei.[35] Soweit kommen die Psychoanalytiker nur selten.

Pyrrhon akzeptierte also Erscheinungen ohne jede Interpretation. Er war ein echt knuffiger Typ. Die Dogmatiker, sagte er, suchen und finden etwas, das sie festlegen, fixieren. Die Akademiker suchen und finden irgendetwas, aber nichts ganz Ausreichendes, und die Skeptiker, so wie er einer war, suchen und suchen und suchen und bleiben dabei gleichgültig. Sie legen sich nicht fest, wollen keine Freude am Besitz haben und keinen Eifer, keine Emsigkeit gutheißen. Mit dieser Philosophie lebte Pyrrhon glücklich und entspannt, lehrte an einer eigenen Institution, hatte viele Schüler und wurde sehr alt. Gleichzeitig lebte er aber auch gefährlich, denn in seiner Zurückhaltung gab es für ihn keine Besitztümer Er ging immer quer durch alle Grundstücke und Gärten, sodass seine Freunde und

---

[35] Nietzsche, F., Der Wanderer und sein Schatten. Kritische Studien Ausgabe, Bd. 2, S. 645 f.

Schüler ihn ständig vor drohenden Inhabern und bissigen Hunden schützen mussten.

Trotzdem war er ein geehrter Mann und Philosoph. Die Stadt Elis erließ wegen seiner Verdienste Steuerfreiheit für alle Philosophen. Nun werden es nicht so viele gewesen sein, aber der Professor für Philosophie M. Hossenfelder betonte die – gegenüber der inzwischen dogmatisch gewordenen Philosophie Platons und Aristoteles – glückseligmachende und die Selbstgewissheit stärkende Wirkung des Pyrrhonismus, in dessen Zentrum außer der Skepsis auch die ἰσοσθένεια, die Isosthenie, die Gleichwertigkeit, die Gleichschätzung aller Dinge steht, vor allem das, was man diesbezüglich darüber aussagt. „Die Skepsis ist die Kunst, auf alle mögliche Weise erscheinende und gedachte Dinge einander entgegenzusetzen, von der aus wir wegen der Gleichwertigkeit der entgegengesetzten Sachen und Argumente zuerst zur Zurückhaltung [epechein] und danach zur Seelenruhe gelangen“.[36]

Auch ohne dass sie die Quanten gekannt haben, schienen Pyrrhon und die Stoiker verstanden zu haben, was diese zähe Masse des realen Seins, das Tele-portation betreiben kann, aufzufassen ist. Denn im

---

[36] Hossenfelder, M., Einleitung zum Werk von Sextus Empiricus, Grundriss der pyrrhoneischen Skepsis, Suhrkamp (2021) S. 63

Zentrum all der von mir bereits genannten Begriffe stand der Ausdruck *στοιχεῖον (*stocheion, Anfangsstatium, Grundstoff, Buchstabe, Himmelskörper!), was gut zum Buch passt und den man heute noch im Wort Stochastik, des mathematisch Zufälligen, kennt. Das Zufällige, Unbestimmte hatte ja bereits bei Hegel als typisch für den Anfang gegolten, jedoch nicht ganz ausgereicht, um es klar zu definieren. Aber für Pyrrhon und die Stoiker ging es um etwas anderes. Das *στοιχεῖον* war etwas Grundlegendes. Sich mit einer über alle Sterne hinwegreichenden Masse zu beschäftigen, würde in der Stoa nur Unruhe schaffen, geht doch alles seinen Gang, egal von wo und wohin. Einen Brotberuf muss man haben, vielleicht auch eine Familie. Über die sogenannten letzten Dinge zu sprechen, ist für die Pyrrhonisten immer möglich, vor allem auch in der Form solcher Gespräche, die der pyrrhonischen διαφορά (diaphora), der ‚Verschiedenheit', galten. Aus dieser Unterschiedlichkeit der Erscheinungen konnte die Gleichheit ihrer Glaubwürdigkeit (die oben erwähnte Isosthenie) abgeleitet werden.

Allerdings ist nicht ganz klar, wie Pyrrhon sich zur Liebe oder zum Eros, verhielt, die bei den Stoikern generell mit viel Selbstbeherrschung (σωφροσύνη, Sophrosyne) und Vernunft einherging. Sein Leben verbrachte er zusammen mit seiner Schwester oder nur wenig getrennt von ihr. Das klingt nun nicht sehr nach einer gelungenen Liebesbeziehung, eher nach einer familiären, wie sie schon S. Proudhomme, Nobelpreisträger für Literatur, praktizierte. Er meinte, dass „die Liebe nicht wert sei, als Thema eines großen Werkes zu dienen, weil sie die unwissende, eitle und frivole Frau zur Voraussetzung hat."[37] Ja, wirklich? Für ihn waren die Frauen von Natur aus irgendwie rein, quasi steril und inert, und die Liebe konnte so nie verwirklicht werden. Er liebte nämlich zeitlebens nur seine Schwester, wie es vielleicht auch bei Pyrrhon der Fall war.

Die Stoiker konnten die Liebe in ihrer erotischen Form niemandem so recht erklären. Sie konnten nur zart darauf hinweisen, wie sie lebten und wie sie fühlten, und anderen die Nachahmung empfehlen. Auf keinen Fall stand der Eros für sie am Anfang und in der Mitte des Lebens, indem sie von der Liebe zum altgriechischen *στοιχεῖον* gesprochen haben, diesem alles verbindenden, gemeinsamen Begriff, den sie neben all den anderen genannten Begriffen ins Zentrum ihrer Auffassungen stellten. Damit komme ich wieder zum unsichtbaren Universum zurück, dessen Innigkeit, Berührtheit und Intimität ich weiter verfolgen will.

---

[37] Proudhomme, S., Intimes Tagebuch, Coron Verlag Zürich, S. 60 und 74

Nichts ist so schwierig wie diese dem Eros nahestehende Berührtheit bzw. dieses Angerührtsein, angemessen herauszustellen, die meiner Ansicht nach auch dem *στοιχεῖον* zugrunde liegen, zumindest für das, worum es in diesem Buch als Wichtigem geht, und zwar nicht nur, weil es den Anfang vermittelt, sondern weil es auch noch die Himmelskörper bezeichnet, die *στοιχεῖα του κόσμου* (stocheia tou kosmou), also die Fülle des Universums. Es gab also eine besondere Liebe zu den Sternen, auch zu den unsichtbaren, was sich heute wieder auf einem ganz anderen Feld vergleichbar machen lässt.

Wenn es sich schon mit der Quantentheorie nicht so verhält, dass sie zu den *στοιχεῖα του κόσμου* passen würde, in einem noch subtileren, kleineren und faszinierenderen Bereich lässt sich dies problemloser erreichen. Aus gutem Grund half mir diesbezüglich der Astrophysiker Christian Spiering, der ausführlich Liebe und Leidenschaft einiger seiner, auch mit Nobelpreisen ausgezeichneten, Kollegen in einem eigenen, neuen Buch beschreibt.[38] Es geht um das Neutrino, oder besser: um die verschiedenen Neutrinos, die in den letzten hundert Jahren mit gewaltigem Aufwand erforscht wurden.

---

[38] Spiering, C., Das seltsamste Teilchen der Welt. Auf der Jagd nach dem Neutrino, Hanser (2025)

Spiering schildert fast mehr die Liebesleidenschaften der Astrophysiker, deren Ehebeziehungen und die Süchtigkeit nach dem Erfolg ihrer Forschungen, als die astrophysikalischen Prozesse als solche. In der Mitte der Zwanziger Jahre des letzten Jahrhunderts – wurden die entscheidenden Bausteine der physischen Welt in Form des Atomkerns, der Elementarteilchen, der von mir bereits ausführlich geschilderten Quanten und schließlich auch der Neutrinos gefunden. Dies gelang vor allem deshalb, weil man die Spaltung des Atoms in verschiedenen Variationen erzeugen konnte und bei den Spaltprodukten stets ein rätselhafter Rest blieb.

Abgesehen nämlich von der Kernspaltung des Urans, die wegen dessen hohem Atomgewicht zu einer enormen Energiefreisetzung führt, war es vor allem der sogenannte Betazerfall niedergewichtiger Atome, der die Spaltprodukte aufwies, bei denen immer noch ein kleiner energetischer und massenhaltiger Teil übrig blieb, den man also Neutrino nannte. Um die Neutrinos allerdings nachzuweisen, bedurfte es gewaltiger Aufbauten. Denn obwohl die Neutrinos zu Milliarden durch den Weltraum, durch die Erde und durch jeden Menschen hindurchrasen, lassen sie sich nicht so einfach nachweisen, da sie eine äußerst geringe Masse haben. Aber sie füllen die Lücke aus, die das inzwischen herangereifte Standardmodell der Elementarteilchen, trotz hunderter nunmehr bestätigter, einzelner Formen, hinterlassen hat. Diese Lücke musste man füllen, also hat man erforscht, was da hineinpasst.

Die Neutrinos müssen zufällig auf einen Atomkern treffen, um sie registrieren zu können. Am besten verwendet man ein Chlor-37-Atom, das – von einem Neutrino getroffen – in ein Argon-37-Atom umgewandelt wird. Ich schildere das so genau, um die Umständlichkeit des Versuch-Aufbaus zu zeigen. Das Ganze muss zudem tief unter der Erdoberfläche in riesigen Behältern mit der entsprechenden chlorhaltigen Flüssigkeit passieren, nur um im Verlauf von Monaten wenigstens ein paar Treffer auf den Argon-Atomen zu erhalten. Mehrere solcher riesigen Anlagen wurden in den letzten fünfzig Jahren erstellt – auch so ein bisschen in Konkurrenz zueinander.

Der endgültige Erfolg ist wie im Fall der Quanten nicht voll befriedigend. Inzwischen gibt es 6 verschiedene Neutrino-Arten, die ebenso wie bei den Quanten nicht ganz mit Einsteins Relativitätstheorie übereinstimmen. Das heißt, wegen der minimalen Masse der Neutrinos kann man dies gar nicht genau berechnen, und so drückt man ein Auge zu und sagt, das Ganze geht in sich auf: Die minimale Masse des Neutrinos würde in die Einsteinsche Formel $E=m \cdot c^2$ passen, aber man könnte es auch als reine Energie durchgehen lassen, also als Quant, und hätte so die Quantengravitation, also die perfekte Verbindung von Schwerkraft und Quantenenergie gefunden.

Das wäre eine großartige Leistung gewesen, und auch am IceCube-Labor in der Antarktis, einem Riesen-Kubus unter dem ewigen Eis, glaubte man, diese Lösung gefunden zu haben, aber es stellte sich als Fehler heraus. Der Physiker M. Bischoff schrieb schon vor zwei Jahren im Spektrum der Wissenschaft, dass man, um dies zu sichern, „in die Nähe eines Schwarzen Lochs reisen oder das Universum kurz nach dem Urknall untersuchen müsste. Auch Laborexperimente, die solche Situationen nachahmen sollen, sind noch außer Reichweite."[39] Solch riesengroße Messgeräte wird man wohl niemals herstellen können, und damit wird die Neutrinoforschung ihre Hoffnung begraben müssen.

Also wieder nichts vom Anfang, kein Stocheion, nichts, was die Wahrheit des Universums ausmachen und dessen Berührtheit im Menschen selbst enthüllen könnte. Denn die Neutrinos stellen ja einen großen Teil des unsichtbaren Universums dar, das die Astrophysikerin L. Randall als so coenästhetisch nah und in

---

[39] Bischoff, M., Messungen von Neutrinos schränken Theorien der Quantengravitation ein. Spektrum der Wissenschaft, 3/24.

voller Übereinstimmung mit dem Neutrino-Verhalten beschrieben hat. Es wäre doch schön gewesen, im eigenen Körper ein bisschen von den Bewegungen der Neutrinos spüren zu können: Mutter Natur sozusagen in der Originalversion, die milliardenfach durch die vorher geschluckte Chlorlösung als Argon-Klick in einem selbst spürbar wird. Ich stellte mir das so vor, dass man es als Kribbeln, als kathartisches ‚Durchrieseln' im eigenen Körper erfahren kann.

Aber freilich ist so etwas totale Spinnerei. Es passieren zwar Ereignisse unter der eigenen Haut, aber wie alles im unsichtbaren Universum, lässt sich dies nicht einfach so im Milliardenfach größeren Format herstellen. Auch hier sind es wieder Esoteriker, die damit großen Unfug praktizieren und die Neutrinos zu realen ‚Geisterteilchen' machen wollen. Das sind sie vielleicht auch, aber sie besitzen offensichtlich doch noch ein ganz kleines Minimum an Masse, und so sind sie weder das eine, noch das andere: reines Teilchen oder reine Strahlung.

Mit anderen Worten: Es muss wieder eine Lücke sichtbar werden, um in der materiellen Mikromenge eine neue Dimension, eine neue subliminale Funktion, einen weiteren Ausweg aus dem immer noch nicht vollkommenen Standardmodell des Universums finden zu können. Innerhalb der Neutrinoforschung finden derzeit enorm komplexe Untersuchungen statt, die bei dem Halbgebildeten wie mir den Eindruck erwecken, die Physiker beschäftigen sich nur noch mit sich selbst. Sie werden auf jeden Fall die Quantengravitation in Erfahrung bringen, aber in uneiniger und nicht unhypothetischer Form, so wie die Psychoanalytiker heute in ihren Instituten sich gegenseitig inzestuösen Umgang vorwerfen und Lacan sie als Geheimgesellschaften à la Freimaurer qualifiziert hat. Kein Stocheion also, weit und breit. Aber vielleicht im nächsten Kapitel.

4. Bewusstsein und Bewusstheit

Die KI kann zahlreiche Informationen zum Anfang des Universums liefern. Doch man wird schnell enttäuscht, denn sie kann nur das zur Verfügung stellen, was schon in tausenden von Büchern, Artikeln im Internet oder irgendeiner Claude steht, theoretisch längst bekannt. Auch Algorithmen, die eine so große Rolle in der KI spielen, haben nur bezüglich der Informatik und direkt mit ihr verbundenen Disziplinen eine ausreichende Beweiskraft. Woanders sind sie unsicher und tückisch. Ich habe schon darüber berichtet, wie sehr die Menschen bezüglich der Technokratie und der KI zu ausführlichen Übertreibungen und zur gekonnten positiven Propaganda neigen. Trotzdem muss ich dazu Stellung nehmen, da die KI ja auch reichlich Informationen zum Universum und zum Wesen des Anfangs fabriziert hat.

Die Informatikerin Katharina Zweig hat allerdings sehr präzise und für alle verständlich ausgedrückt: Die KI ist im Grunde nicht zuverlässig (z. B. wegen ihrer Halluzinationen), sie hat keinen gesunden Menschenverstand, sie kennt die echte Welt und deren dazugehörigen Kontext nicht, sie kann nicht die Wahrheit sagen, und kann somit nichts zum menschlichen Miteinander, und schon gar nichts zum Unbewussten beitragen.[40] Gerade die oben benannte Lücke der Astrophysik kann sie nicht differenzierter erklären oder gar schließen. Auch zu dem Problem des Anfangs des Universums, vor allem zu dessen unsichtbarem Teil, von dem ich glaube, dass er wichtiger ist als der sichtbare, kann sie nicht mehr sagen, als ich schon aus fachlichen Quellen berichtet habe. Und schon gar nichts kann sie zu dem Thema der Innigkeit, des Coenästhetischen, der Berührtheit vermitteln, auf die doch die gesamte Forschung mit dem Eindringen in immer subtilere Bereiche der Gegebenheiten (Masse) und Kräfte (Energie) hinauszulaufen scheint.

Viele Experten sehen in der KI nicht nur eine Energie-Verschwendungs-, sondern auch eine generelle Extraktionsmaschine, wie die Professoren J. Muldoon, M. Graham und C. Cant in ihrem neuen Buch berichten.[41]Die Autoren behaupten, dass die KI-Imperien nichts anderes tun, als wichtige Investitionen aus Kapital, Macht, natürlichen Ressourcen, Arbeitskräften, Daten und kollektiver Intelligenz zu vereinnahmen, also aus ihren Bereichen zusätzliches Nebenbei, Kollaterales und sehr Persönliches zu extrahieren, um sie dann in statistische Vorhersagen umzuwandeln, mit

---

[40] Zweig, K., Künstliche Intelligenz, DIE ZEIT vom 25. 10. 2025

[41] J. Muldoon, M. Graham, C. Cant, Feeding the Machine, Harper Collins Deutschland (2025) S. 16

denen KI-Unternehmen Profite erzielen. Nun betrifft das nicht die praktischen Aufgaben wie etwa Bürokratie, Warentransporte, Wirtschaftsleistungen oder medizinische Bilderkennung und Ähnliches, das vieles vereinfachen oder gar die Tertiärstruktur von Proteinen schneller entschlüsseln kann. Und so lässt sich auch argumentieren, dass in der KI, selbst in den umstrittenen LLM (Long Language Model) und deren Netzverbindungen wie zum Beispiel ChatGPT, ein Nutzen liegen kann.

Doch noch viel ausführlicher fällt die Kritik an der KI durch das Buch der amerikanischen Wirtschaftswissenschaftlerin S. Zuboff aus, die die KI-Imperien und den ihnen übergeordneten Instrumentalismus der heutigen Tech-Giganten als ‚Überwachungskapitalismus' bezeichnet.[42] „Der Überwachungskapitalismus beansprucht" – so die Autorin – „einseitig menschliche Erfahrung als Rohstoff zur Umwandlung in Verhaltensdaten", also in wesenhaft psychische Aspekte und Charaktereigenschaften der Nutzer. „So erpicht wie zahllose Unternehmen darauf sind, auf unser künftiges Verhalten zu wetten, haben die Überwachungskapitalisten es mittels dieser Operationen [KI-Anwendungen] zu immensem Wohlstand gebracht. . .

[42] Zuboff, S., Das Zeitalter des Überwachungskapitalismus, Campus (2025)

. Anstatt von Arbeit [wie beim Industriekapitalismus], nährt sich der Überwachungskapitalismus von jeder Art menschlicher Erfahrung,"[43] und beutet sie aus.

Ich gehe also davon aus, dass mit so vielen Ungereimtheiten keine Wissenschaft entstehen wird, die das sichtbare und unsichtbare Universum erklären würde und eine Hilfe zur Selbstanalyse sein könnte, ein Anfang fürs eigene Seelenleben. Aber es könnte ja auch um eine Maschine gehen, die eine Anfangs-KI hergestellt und gleichzeitig genutzt hat, denn so etwas wäre wieder ein neuer Parameter für den Anfang. Es könnte nämlich so sein, wie es der Philosoph und Bewusstseinsforscher D. Chalmers entwickelt hat. Chalmers glaubt, dass die Welt und alle Menschen nur eine aus KI gemachte Kopie echter und woanders existierender Lebewesen und Welten sind.[44] Was scheinbar dumm klingt, weil es schließlich aufs Gleiche herauskommt, ob die Menschen nun Kopien sind oder nicht, lässt einen folgern, dass letztlich keine besonderen Konsequenzen daraus gezogen werden können. Es handelt sich also um eine Realität 0.

Chalmers ist ein großer Bewusstseins-Forscher, und vielleicht geht es bei der Frage nach dem Anfang genau darum: um den Blitz von etwas Bewusstem. Das

---

[43] ff Seite 24

[44] Chalmers, D., Realität+, Suhrkamp (2023)

würde auch der Kopie, der Realität+, etwas Gehalt geben, wie Chalmers sie nennt. Denn Bewusstsein heißt ja nichts anderes, als ein perfektes Spiegelbild der äußeren Welt und ihrer Lebewesen in sich zu haben, von dem man nicht fürchten muss, dass diese Spiegelung die Herrschaft über alles übernehmen wird – also dasselbe Problem, das man bei der KI fürchtet. Ich unterscheide deshalb gerne das pure Bewusstsein von der Bewusstheit, die für mich eine komplexere, subjektbezogene und sprachfähigere verfasste Form von Bewusstsein ist und die an das *στοιχεῖον (*stocheion) erinnert.

In diesem Sinne schreibt der Bewusstseins-Philosoph T. Metzinger dem Menschen eine bewusst-gefühlte Innenperspektive zu, die kritisch, aber auch empathisch ist, also genau das, was ich eben Bewusstheit nenne.[45] Metzinger geht vom Grauen des Leidens aus, in das hineinzublicken dazu führt, dass es auch in einen selbst hineinblickt, wie schon Nietzsche sagte.[46] So gesehen sind nicht alle Lebewesen identisch, während es sonst, beim blanken Bewusstsein, durchaus so sein kann, wie es, von einer ganz anderen Seite herkommend, der Neurowissenschaftler G. Tononi konstatierte. Für ihn „hängt das Maß des Bewusstseins

[45] Metzinger, T., Im Ozean der Qualen, SZ vom 23. 4. 2021.
[46] Nietzsche, F., Jenseits von Gut und Böse, DTV (1999)

von der Struktur des zugrunde liegenden Substrats ab: Je zusammenhängender ein Substrat ist, desto bewusster ist es.[47]

Gemäß dieser Theorie wäre Bewusstsein keineswegs auf Lebewesen beschränkt", schreiben zwei weitere Wissenschaftler Tononis Konzept entsprechend im Spektrum der Wissenschaft.[48] Aber es gäbe eben auch keine klar abgegrenzte Bewusstheit, die dem Lacanschen Schema – auf Seite 23 – der Linie A–Es entspräche (dem vollen, wahrheitsgemäßen Symbolischen), während die Linie a–a' dem Bewusstsein zugehörig wäre (dem kaleidoskopisch verwirrenden Imaginären). Doch Chalmers versuchte eine Lösung der Bewusstseins-Bewusstheits-Problematik mit einer abgewandelten Theorie des Panpsychismus, also der Auffassung, dass Psychisches als ein fester Teil von Natur und Materie gelten würde. Für ihn geht es demnach genau darum, wie man ein umfassendes Bewusstsein, das auch in den Bereich der Bewusstheit hineinreicht, als naturgegeben ansehen kann, und es somit etwas Einheitliches geben würde, das Panpsychische als Physisches und umgekehrt.

---

[47] Tononi, G., Integrated information theory: From consciouness to its physical substrate. Nature Review Neuroscience 17 (2016)
[48] Krauß, P., Maier, A., Bewusstsein, Spektrum der Wissenschaft 7 (2021) S. 12-20

Damit hat Chalmers aber nicht Furore machen können. Es klang nach einem zu künstlichen Bewussten. Hätte er mehr über das unsichtbare Universum gewusst, hätte er vielleicht sagen können, dass in diesem Teil Bewusstsein steckt, das noch über keine Bewusstheit, aber vielleicht über Vorbewusstes verfügt. Warum sollte nicht Vorbewusstes im Sinne von Chalmers' Panpsychismus als der Parameter gelten können, der geeigneter für den Anfang des unsichtbaren Universums ist als die Dunkle Materie und die Dunkle Energie? Oder andersherum: Wo Bewusstsein als eine Form der Energie funktioniert, bei der unklar ist, welche Beziehung sie zur hiesigen Energie (Elektronen, Photonen, Neutrinos) und zu dem überflutenden Imaginären hat, würde das dann das Wesen des unsichtbaren Universums vielleicht erklären?

Nein, so geht es wohl nicht. Mit dem Begriff des Unbewussten aus der Psychoanalyse wären diese Vorgänge viel eher verstehbar. Die Psychoanalyse interessiert sich nicht für das ausforschbare Verhalten, für die psychisch fixierten Einstellungen, die die Technokraten und die KI für so wichtig halten und deswegen ständig etwas Besonderes, Allerneuestes und Bewegendes sagen müssen, sondern für das Nicht-Sagbare, für Versprecher, für die Pausen, Widersprüche, Hemmungen, Phantasien, und doch auch wieder für Bedeutendes, das verdrängt oder versteckt ist, aber enthüllt werden könnte. Sie lauscht nicht auf das Gesagte, sondern auf das, was im Sprechen unverfälscht durchbricht – oder blockiert ist –, also gerade nicht gesagt werden kann oder wird. Ein Algorithmus könne solche Formen registrieren – sie aber nicht in ihrer emotionalen, symbolischen und tatsächlichen Tiefe verstehen und umsetzen.

Der Analytiker sei kein „Antwortgeber", sagen Psychoanalytiker, sondern ein Zeuge des Sprechens.[49] Er diene nicht als allwissende Instanz, sondern als jemand, der hinhöre, aufnehme, zurückspiegele, ohne zu werten oder zu interpretieren, bevor etwas entscheidend gesagt werden könne. Und so gehe die Psychoanalyse nicht vom Ich aus – sondern von seinem blinden Fleck, konstatiert Lacan. So etwas kann die KI weder verstehen noch erstellen und ‚begreifen' oder berührend ertasten und damit etwas anfangen. So etwas ist auch nicht Angelegenheit des Bewusstseins oder des Panpsychismus, sondern der Wahrheit, der Wahrheit als Ursache, über die ich schon so viel spekuliert habe, weil sie eben im unsichtbaren Universum steckt, wie noch zu zeigen ist.

Aber weiter aus der psychoanalytischen Praxis: „Ein zentraler Unterschied schließlich ist: In der Psycho-

[49] https://www.psychoanalytische-praxis-berlin.eu/2025

analyse spricht man mit einem Menschen – mit einem *Anderen*, der selbst in Sprache verstrickt ist, mit Geschichte, mit eigener Position. „Dieser *Andere* reagiert nicht neutral oder vorhersehbar. Er begegnet einem, manchmal widerständig, manchmal zurückhaltend, aber immer als Mensch", schrieb Lacan. Und genau das macht etwas Entscheidendes mit einem. Fazit: ChatGPT und andere KIs können nützlich sein – zum Beispiel als Werkzeug und als mechanistischer Dialogpartner. Aber sie bleiben eine Echokammer der eigenen Worte. Die Psychoanalyse lässt Raum für das, was man nicht sagen kann – und hilft, es irgendwann doch zu sagen. Nicht, weil jemand die Antwort kennt – sondern weil jemand zuhört – und so die Antwort aus dem Unbewussten heraus in sich selbst in Erfahrung gebracht werden kann.

Es geht also eher um die Bewusstheit, in der es eine besonders gelungene Kombination des *Strahlt* und *Spricht* gibt, denn die beiden kommen nirgendwo sonst in reifer, wissenschaftlich begründeter und allen Kriterien genügender Form zusammen. Exakt dahin aber strebe ich mit meinem Versuch, Anfang, Wesen des Universums und dessen Introvertiertheit, Innigkeit, nicht nur sichtbar zu machen, sondern auch praktisch verwertbar. Tatsächlich ist im Urknall das *Strahlt/Spricht* nur ein aufblitzender Laut. Besser als die Astrophysik und die KI soll mein Weg solch eine unmittelbare Verwendungsmöglichkeit auf höherer, elaborierterer Ebene, demonstrieren, indem er die klassische Psychoanalyse zwar schätzt, sie aber auch umdreht, wie Lacan es propagiert hat.

Für ihn ist der Analytiker das ‚Objekt' der Übertragung, unter der man die seelisch unbewusste Einstellung des Patienten versteht, Bedeutungen aus früheren oder aktuell anderen Beziehungen auf den Analytiker zu übertragen. Vor allem sind es Bedeutungen aus Liebesbeziehungen, die man auf ihn überträgt, die also gar nichts mit ihm zu tun haben, aber ihn geradezu zu einem gefühlten Gegenstand machen, zu einem Objekt dieser Gefühls-, Gedanken- und Bedeutungsvielfalt, bezüglich derer Lacan meinte, der Therapeut würde dadurch zu einem Mülleimer des Patienten. Doch das müsse er eben aushalten können. Von der Liebe zu ihm profitiert er nicht selbst, sondern die Therapie, indem er nun versuchen muss, die Übertragung als etwas Inadäquates aufzulösen.

Ich komme im Weiteren ausführlich dazu, das Wesen der Übertragung in diesem Sinne des vergegenständlichten, verdinglichten Seeleninhalts in meinem Vorgehen zu erörtern und auch Vergleiche zur KI zu erstellen, indem diese Vorgänge bei allen zuerst einmal vorbewusste Prozesse sind. Gewiss hat bereits die herkömmliche, klassische Psychoanalyse zigtausende einzelner Individuen zu ‚bewusstheitlicheren' Menschen werden lassen, aber es ist keine im Großen wirkende Bewegung daraus entstanden. Alles hat sich inzwischen in zahlreichen psychoanalytischen Instituten, die Lacan – wie schon erwähnt – zu Recht „Geheimgesellschaften" nennt, die in ihren Idealisierungen verhaftet bleiben, festgefahren.

Und so habe ich mich weiter in der Literatur zur Astrophysik, zur Psychoanalyse und zu noch weiterer, reiferer, höherer Bewusstheit umgesehen, und bin dabei auf Prof. Dr. Gerd Ganteför gestoßen, der einen idealen Ausweg aus dem Anfangsproblem und der letztlichen Wahrheit des Universums beschreibt.[50] Er ist Nanotheoretiker, also Spezialist für die kleinsten messbaren Größen in der Natur, was eigentlich bereits zu den Neutrinos gepasst hätte, denn sie sind wirklich das kleinste noch irgendwie Fassbare. Auch er geht – wie Lacan – von einer Dreiheit aus, nämlich der Energie, der Information und der Entropie. Letzteres bezieht sich auf den zweiten Hauptsatz der Thermodynamik, der konstatiert, dass in einem abgeschlossenen System die Unordnung bei spontanen Prozessen immer weiter zunimmt. Dieser Vorgang ist also gegenläufig dem ersten Hauptsatz der Thermodynamik, demzufolge Energie weder erzeugt noch

[50] Ganteför, G., Die Intelligenz des Universums, Westend (2026)

vernichtet werden kann; sie lässt sich lediglich in verschiedene Formen umwandeln.

Nun geschieht das nicht alles einfach nur so für sich, es muss etwas geben, was von Anfang an sowohl mit der Energie als auch mit der Entropie dabei war, und das nennt Prof. Ganteför die Information oder gar das Informationsfeld. Er holt mit einer Unmenge an Argumenten dazu aus, diese Aussage in allen möglichen Bereichen durch schlüssiges Dozieren zu beweisen. Nun ist das nicht schwer, etwa bei der Vererbung und deren Desoxyribonukleinsäure (DNA), zu erklären, da dies ein hochkomplexes biochemisches Informationsmaterial ist. Anders verhält es sich bei den ersten Sternen und deren ersten Elementen wie Wasserstoff, Helium und ein paar weiteren oder gar am unmittelbaren Anfang mit dem Urknall nachzuweisen, woher die Information kommt.

Ich kann Prof. Ganteför aber mit dem doppelten Urknall von Prof. R. Falke unterstützend bestätigen. Denn diese zwei Vorgänge fordern geradezu einen dritten heraus, mit dem dann auch die Entropie zum ersten Mal wirksam werden müsste, und darin liegt etwas In-Form-Gebrachtes, etwas Informatives, das sich weiter und weiter fortsetzen muss. Denn warum sollte das Informieren aufhören? Prof. Ganteför beschreibt dann schlüssig die sich weiter in unterschiedlichster Weise fortsetzenden Schritte und Komplexitäten des Informationsfeldes, die bis zum menschlichen Gehirn als dem fortschrittlichsten und umfassendsten gehen können, das es gibt.

Das Informationsfeld: großartig! Nur, wie geht es weiter, was kann man jetzt damit machen? Zu wissen, dass es das gibt, ist schon ein großer Fortschritt, vor allem, dass es schon im unbelebten Universum vorhanden war, und so dargestellt jetzt neu und bereichernd ist. Prof. Ganteför wollte ein Gegengewicht gegen Religion und Philosophie, aber auch gegen die herkömmliche Physik setzen, wie er mehrmals erwähnt. So etwas hat ja auch Lacan mit der klassischen Psychoanalyse gemacht, er hat sie als scholastisch abqualifiziert, und mit dieser Hilfe konnte ich meinen Text schreiben. Aber was mache ich mit dem Informationsfeld?

Prof. Ganteför hat es geschafft, aus dem erstarrten System von Relativitätstheorie und Quantendynamik, von Neutrinos und Viewegscher Philosophie herauszukommen, indem man die Information, die es dabei gibt, erweitern und nutzen kann. Er hält zwar den Widerspruch zwischen der Einsteinschen Lehre und der Quantentheorie, wie ihn F. Verstraete für wesentlich hält, nicht für gegeben, aber dies liegt vielleicht daran, dass die Information nicht immer voll ausgereift und perfekt abge-schlossen sein muss. Hauptsache, es gibt sie. Trotzdem quält mich die Frage: Wie kann ich sie nutzen? Schließlich fühlte ich mich ja auch noch von den Neutrinoforschern frustriert. Umso wichtiger wäre jetzt die Informationstheorie, die als wesentlich schon im leblosen Universum geschildert wird.

Denn dieser Aspekt hat doch wieder mit dem Anfangsproblem zu tun. Auf die Information zwischen Energie und Entropie sind weder Hegel noch sein Erklärer Vieweg gekommen. Und dann haben auch Quanten- und Neutrino-Physiker keine klare Antwort dazu gefunden. Sie sind zwar weiter, nämlich bis zur Nanotheorie gelangt, aber man hätte wohl Chlor und Argon in großer Menge schlucken müssen, um den Neutrinofluss im eigenen Körper als das ‚Durchrieseln', als die wesentliche Katharsis, zu spüren, was natürlich ein großer Unsinn ist. Aber nach wie vor bin auf der Suche nach der Berührtheit, der Katharsis, die ich später noch im Rahmen einer letztlichen Lösung beschreiben werde. Denn durch die extreme Nähe des unsichtbaren Universums.

So etwas, denke ich, würde ermöglichen, zum ureigenen Anfang zurückzukehren, um das dort pulsierende *Es* aufzugreifen, das dort im Unbewussten belebend wirkt, um die eigene Persönlichkeit damit perfekt zu machen. So sehr bei Lacan die Topologie, die geometrischen Figuren, den Bereich des *Es Strahlt* anschaulich vermitteln, sollte dies in jedem auch real wirksam werden können. Es handelt sich nämlich genau um dieses *Es Strahlt*, Freuds unverständliche Vorstellungsrepräsentanz oder Lacans ‚ultrasubjektives Ausstrahlen', das auch das Informationsfeld von Prof. Ganteför betrifft. Wenn ich vorhin gefragt habe, was man mit der Information anfangen kann, lag das Problem darin, dass die Information exakt eine des Bild-Blick-Erscheinungs-Wirkenden, des Imaginär-Realen ist, und nicht so sehr des Symbolisch-Realen.

Prof. Ganteför schreibt zwar, dass die Information auch Buchstaben und die hochgeistigsten Texte umfasst, aber das ist totes Papier. Er erwähnt alles, was gesehen und gehört und in Bits und Bytes kodiert werden kann. Aber das Verständnis für die Psychoanalyse Lacans, für die Wirkung der intimsten Geständnisse der Liebenden, für das zutiefst als sexuell charakterisierte Begehren, das aus seiner Verdrängung enthüllt werden soll, ist nicht Inhalt des Informationsfeldes (all dies wird nämlich von niemandem verstanden, hat aber doch entscheidenden Einfluss, wie ich es ja selbst erfahren habe). Vom Unbewussten hat Prof. Ganteför wohl keine Ahnung, muss er eventuell auch nicht, sollte er aber vielleicht.

Er ist einen deutlichen Schritt weitergegangen, der ein bisschen auch der KI ähnelt. Denn die KI kann aus dem riesengroßen typographischen Raum, in dem die Buchstaben, die Buchstabenstücke (Tokens), statistisch gespeichert und neu zusammengebaut werden, das allgemeine und auch manches besondere Menschheits-Geäußere vermitteln, aber nicht das Innerste, das zum Anfang gehörende, Unbewusste/Enthüllende des Wahrheits-Sinns erfassen. Bei Prof. Ganteför fehlt das unbewusst Symbolische, das Wort-Wirkende, also das, wodurch die Worte wirken, weil sie Unbewusstes ansprechen. Das verhält sich in der KI genauso.

Weil die Menschen also nur einen äußerst kleinen Teil des Universums sehen, exakt messen und logisch wissenschaftlich darstellen können, muss dort – im unsichtbaren oder zwischen sichtbarem und unsichtbarem Universum – der Punkt des Anfangs liegen, der das ist, was Lacan das Imaginär-Reale oder den ‚Strahltpunkt' nennt, der im *Es Strahlt* das Konkreteste und Konzentrierteste ist, das es gibt. Aber in seiner Theorie wird dies in engster Form mit dem Symbolischen, speziell dem des unbewusst *Anderen*, verbunden. Doch auch damit ist noch nicht das Allerletzte erreicht, denn man müsste in eine gelungene Lacansche Psychoanalyse gehen, um zu mehr, ja um zu sich zu kommen. Oder den *Strahlt/Spricht*-Komplex in ausgereiftester Form bei sich verwirklichen.

Man muss die Übertragung wenigstens zu einem guten Teil auflösen, das kann das Informationsfeld nicht leisten. Denn die übliche Übertragung spielt sich im Symbolischen ab – es werden sprachlich gefasste Bedeutungen übertragen –, aber es gibt sie sicher auch in der imaginären Übertragung, zum Beispiel außerhalb der psychoanalytischen Situation, die ja auf das Minimalste reduziert ist (eine Couch, sein Sessel). Dieses Problem korreliert damit, dass es in der klassischen Psychoanalyse nur die an Körperzonen gebundenen psychischen Trieb-Objekte gibt, wie z. B. das Oral-Objekt, also das an die Mundzone fixierte Objekt. Andere Objekte, wie etwa Blick und Stimme, sind für den Therapeuten nicht so repräsentiert. Sie könnten im Informationsfeld vorkommen, jedoch ohne Zusammenhang mit einer therapeutischen Verwendung. Und so muss ich nun den letzten Schritt selbst nachholen, muss nochmals in das Anfangsproblem eintauchen und vor allem das Informationsfeld selbst sprechen lassen.

Mit anderen Worten: *Es* muss selbst persönlich, intim, kreativ Entscheidendes sagen, sonst bleibt es nur ein abstraktes Gebilde. Das kann es nur tun, wenn Es vom Subjekt, also von Einzelnen aus sich heraus gesagt wird und nicht eine Anweisung, Erklärung oder Bestimmung von außen her an es herangetragen wird. Da die Psychoanalyse also im Bereich des Imaginären, der unverständlichen Vorstellungsrepräsentanz, des *Es Strahlt*, keinen ausreichenden Zugang hat, muss ich auch noch einen weiteren Schritt tun, der an die Argumente der Philosophie, der Quantentheorie, des Neutrino- und schließlich des Informationsfeldes als endgültiges Statement anschließen kann.

Ich muss dem Einzelnen eine Formulierung bieten, die nicht schon wieder alles im Voraus weiß und sagt, die ihm aber ermöglicht, dass sein Unbewusstes sich für ihn öffnet und eben von daher eine Aussage zustande kommt, die Gehalt, Bedeutung und letztliche Wahrheit ist. Nur das kann über die ganzen Versuche hinausgehen, die ich bisher quer durch die Wissenschaften gemacht habe, wobei immer noch etwas offen blieb, das dann ein anderer wissenschaftlicher Zugang, wie das Informationsfeld von Prof. Ganteför, öffnen sollte, das aber wieder eine Lücke übrig ließ. Mit dem Verfahren, das das Sprechen im Unbewussten eines jeden anstoßen kann ohne etwas zu suggerieren oder zu bevormunden, und das ich *Analytische Psychokatharsis* genannt habe, wird – hoffe ich – keine Lücke mehr bleiben.

5. E-N-S-C-I-S-N-O-M

Denn es muss ein Anfang gefunden werden, der wenigstens der Wissenschaft gerecht wird, die nicht subjektiv ist, aber doch vom Subjekt ausgeht. Denn die positive Übertragung in der Psychoanalyse ist, wie auch die Einstellung des Analytikers, eine dezente, respektvolle Form der Zwischenmenschlichkeit. An diesem Punkt muss ich ansetzen, denn ich kann nicht wieder nur mit bloßen Kräften, Energien und gar nur mit Informationen allein eine echte, unmittelbare, reale Vermittlung aufbauen, was den Anfang und das unsichtbare Universum (Unbewusste) angeht. Es braucht eine ganz eigene, fast persönliche Beziehung zu sich selbst als einem Teil des Unbewussten und genauso des unsichtbaren Universums in einem selbst.

Und so will ich also die von mir gefundene Lösung für das Anfangs-Problem in diesem Sinne schon einmal andeuten und – wohl etwas vorschnell und vor allem vielleicht zu waghalsig – vortragen. Ich glaube, Folgendes als den konkretesten Anfang vermitteln zu können, den man sich vorstellen mag, und der das Sprachliche, Symbolische, mit dem Bildlichen, Imaginären, um das es ja bisher ging, real verbindet: Ich beziehe mich diesbezüglich auf die schon erwähnte, grundlegende Einteilung Lacans in Symbolisches,

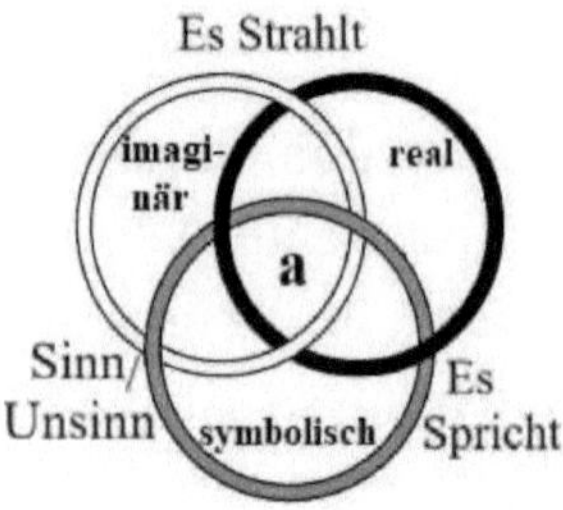

Imaginäres und Reales, was er meist mit dem erneut nebenan abgebildeten Bo-Knoten (zusätzlich mit dem kleinen a in der Mitte und dem Sinn/Unsinn zwischen dem Imaginären und Symbolischen) darstellte.

Das kleine a bezieht sich auf die Abbildung der Seite 23, wo es das Objekt seinesgleichen, aber auch das Begehrens- und Liebes-Objekt darstellt. Für den Psychoanalytiker ist die Liebe ein höchst sublimiertes, verfeinertes und vergeistigtes Begehren, und steht so auch im Zentrum seiner Wissenschaft. Der Knoten betrifft auch das *Es Strahlt* und *Es Spricht,* die sich an einem Punkt überkreuzen, der das Reale ist. Wenn es um den Anfang, den Ursprungspunkt geht, liegt dieser nicht in der Realität, sondern im Realen. Dagegen ist die Realität nur der Erstarrungspunkt, wenn *Es,* das Leben, das Begehren, nur noch verhärtet, erstarrt und zum Endprodukt geworden ist, wenn also das Reale (verbunden mit dem *Strahlt/Spricht*) gegenüber der Realität oder gegenüber dem Trieb nicht so stark bestimmend ist. *Es* kann aber dann auch Unsinn sein, denn zwischen losen Bildern und unverknüpften Worten ist kein Sinn garantiert und Unsinn kann so auch real werden.

Aber freilich ist auch dies wieder viel zu theoretisch, da hätten die Quanten schon besser gepasst, wären sie nicht so realistisch unreal. Schließlich soll es doch um etwas gehen, das jeden Einzelnen so sehr zu sich selbst bringen soll, sodass der Anfang aus sich heraus klar ist. Nun geht es ja ums Unbewusste, selbst dieser Knoten Lacans ist unbewusst im Sinne der genannten Wissenschaft, psychisch/physisch, imaginär/symbolisch, real/irreal, also nur zusammengestückelt ganz, indem ich es auch nur so stotternd vorbringen kann. Doch das Stottern, das ‚universale Gemurmel' (Lacan), das sprachliche Rauschen, das zwischen den Zeilen zu Lesende, hat schon Erasmus von Rotterdam als besonders effektiv herausgestellt.[51] Nicht die Resonanz ist wichtig, sondern die Redundanz, das Fluide, hintergründig durchscheinende Wahre des Sprechens, wie es auch im Unbewussten vorherrscht.

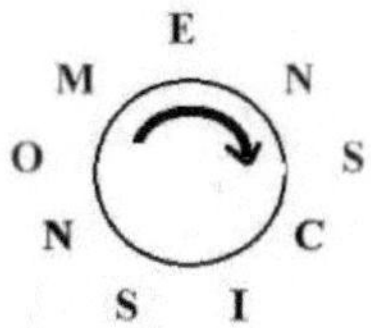

In genau diesem Sinne repräsentiert eine Formulierung wie das im Kreis geschriebene E-N-S-C-I-S-N-O-M oder S-C-I-S-N-O-M-E-N, das also von verschiedenen Buchstaben der nebenan stehenden Abbildung

---

[51] Langereis, S., Erasmus, Biographie eines Freigeists, Propyläen (2023) S. 695 und 848

aus im Uhrzeigersinn gelesen, stets andere Bedeutungen hervorbringt, den originärsten Anfang! Diese Formulierung ist also nicht unsinnig. Sie ist durch mehrfache sinngebende Bedeutungen gestützt, die sich jedoch so überschneiden und überlappen, dass es zuerst einmal keine einzige, wirkliche vorherrschende Bedeutung oder gar einen begründeten Satz oder Sinn in diesen Buchstabenfolgen gibt. Denn so wäre dem Anfang ja schon wieder vorgegriffen wie in den Versuchen der letzten Kapitel. Doch wenn ihn jeder Einzelne nutzen kann, um das Wesen des Anfangs zuerst einmal für sich selbst zu präzisieren, ist das Spiel schon halb gewonnen.

Ich hoffe, dass ich niemanden in völlige Verwirrung stürze, die noch schlimmer ist als die mit dem unglaublich heißen, energetischen Inflations-Universum des ersten und dem ausgekühlten materiellen Zustand des zweiten Urknalls, die es rein sachlich durchaus gegeben haben kann, aber letztlich viele Fragen offen lässt. Ohnehin hat die astrophysikalische Darstellung des Anfangs des Universums für das konkrete, alltägliche Leben der meisten Menschen keine große Bedeutung. Wohl aber bekommt es eine, wenn man eben andere Wissenschaften, wie zum Beispiel die Linguistik und die Topologie, auf die sich die Lehre Lacans stützt, für die Anfangsfrage, auch die im frühen Universum, heranzieht. Und dafür eignet sich solch eine Formulierung, die zuerst einmal nichts Definitives sagt, dafür aber eine bedeutungsvolle Klangstruktur und Rhythmik hat und die letztliche Wahrheit in sich verbirgt, viel besser als all das bisher Gesagte, weil dies genau die Struktur des Unbewussten widerspiegelt.

Denn darum geht es in dem Buchstaben-Konstrukt des E-N-S-C-I-S-N-O-M. Je nachdem, von welchem Buchstaben aus man also diese Formulierung im Uhrzeigersinn liest, kommt eine andere Bedeutung heraus. Die Formulierung sagt also doch etwas, aber weil die einzelnen Bedeutungen sich überschneiden, überlappen und sich so desavouieren, kann sie nichts zum endgültigen, zusammengefassten Sinn der Formulierung beitragen, regt aber im Unbewussten eines jeden, der sie gedanklich-meditativ (einige hintereinander) wiederholt, eine wahrheitsbetonte Aussage an. Die Bedeutungen sind so disparat, dass man auch mit viel Phantasie keine geschlossene Aussage zustande bringen wird, die etwas suggerieren könnte, wie das sonst in Meditationen üblich ist.

Es muss also doch einen Sinn geben, obwohl es nach Unsinn aussieht, denn die einzelnen Bedeutungen sind zwar manchmal etwas skurril, aber sie sind syntaktisch, grammatisch und semantisch in Ordnung. Sie enthalten einwandfreie Bedeutungen, kurze Sätze und Phrasen, so dass man sich auf die Korrektheit verlassen kann. Solch ein exakt wie das Unbewusste aufgebautes Buchstabenkonstrukt kann etwas aus dem linguistischen Tohuwabohu des Unbewussten herauslösen, das mit dem Verdrängten oder Abgespaltenen zu tun hat, das seine Wahrheit erkennen zu geben trachtet. Verwendet ist die lateinische Sprache, aber man hätte auch jede andere Sprache nehmen können. Doch Latein ist wegen seines Reichtums an Vokalen besonders gut geeignet. Warum aber soll eine derartige Formulierung etwas mit dem eigentlichen Anfang zu tun haben? Dazu muss ich ein bisschen weiter ausholen.

Ich gebe eine Auflistung der Bedeutungen in dieser Formulierung der *Analytischen Psychokatharsis*, die ich auch ein *Formel-Wort* nenne, später, um nicht schon von vornherein zu viel Neues ins Spiel zu bringen. Der Fairness halber zitiere ich von den sechs Bedeutungen, die in der im Kreis geschriebenen Formulierung stecken, wenigstens schon mal zwei: Vom S aus gelesen heißt es SCIS NOMEN, du weißt den Namen. Vom M aus gelesen heißt es MENS CIS NO, der Gedanke diesseits von NO (vom Nein). Egal, wie seltsam es klingen mag, es kommt ja nur darauf an, dass so etwas den gesuchten Anfang machen könnte, der nicht schon vorher etwas Bestimmendes enthält, das ja dann bereits anfänglich wäre. Es handelt sich also um eine klare Aussage, deren letztliche Bedeutung und Sinn erst herausgefunden werden müssen, was, wie ich noch zeigen will, nicht schwierig ist. Exakt so ist nämlich das Unbewusste strukturiert und kann zum Bewussten führen, wenn man die alles übergreifende Bedeutung, den Sinn des Ganzen, vom Unbewussten meditativ hat klären lassen.

Die Buchstaben sprechen genau in der Weise, wie die Psychoanalytiker es sich bei der Urmutter-Imago vorstellen, nämlich geschmückt mit vielen Bedeutungen, jedoch ohne eine bestimmte Aussage, also vorbewusst, unverständlich vorstellungsrepräsentiert. Auch das Universum spricht so, nämlich mit vielen Andeutungen, ohne etwas genau zu sagen, wie Prof. Ganteförs Information es tut. Sie informiert über alles schon Informierte, aber vom Unbewussten des Einzelnen kann sie nichts sagen. Deshalb kann ich behaupten, dass das unbewusste Universum exakt wegen seiner irren Nähe und der sphinxhaften Natur (der unbewussten „Mutter-Sache") seiner Information präzise den *Formel-Worten* wie dem E-N-S-C-I-S-N-O-M entspricht.

Der Anfang ist also unbewusst, aber das allein befriedigt natürlich noch nicht. So etwas kann jeder behaupten. Freilich leuchtet es ebenso nicht ein, sich ein E-N-S-C-I-S-N-O-M oder OME-NSC-ISN gedanklich vorzusagen oder zu denken, zu meditieren, um den Anfang zu machen, den die Philosophen immer schon gesucht, und den ja auch Vieweg nicht gefunden hat. Am besten denkt man diese Formulierung still bei sich, sozusagen meditativ, weil dann das Unbewusste provoziert wird, eine Aussage herauszugeben, die –

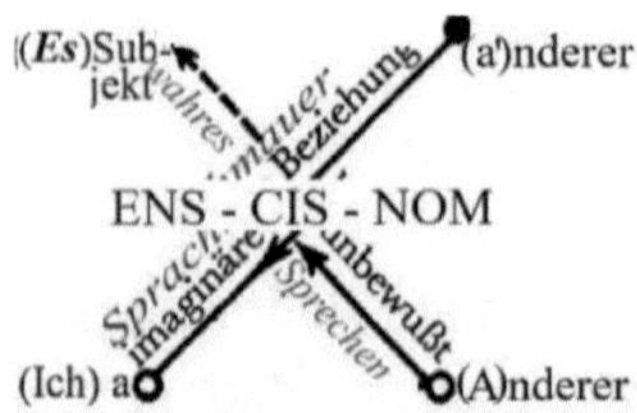

jedenfalls für den Betreffenden – der absolute Anfang wäre, nämlich unbewusst und doch bewusstseinsfähig, wahr und doch noch verhüllt, wie das etwas holprig veränderte Bild von Lacan nebenan erneut zeigen soll. Die Formulierung steht zur Hälfte im Unbewussten und halb auch im Bewussten. Sie zielt in beide Richtungen, wird aber auch ein Ergebnis in Richtung des ‚wahren Sprechens' haben.

Es handelt sich also noch nicht ganz um dieses reife, wahre, volle Sprechen auf der Linie vom *(A)nderen* zum (*Es*), zum Subjekt, aber dieses kann natürlich zustande kommen, wenn man *Es*, wie gerade gesagt, in einer besonderen Weise meditiert. Nur darin, dass das Subjekt *Es* durch gedankliche Wiederholung, durch Meditation, hervorruft, kann der Anfang konkret und wirklich werden – auch speziell, indem nunmehr jeder Einzelne und auch nur der Einzelne daran teilnimmt. Denn damit verhält es sich geradezu so, als würde der Anfang von sich selbst etwas sagen, denn das in dieser Weise provozierte Unbewusste gibt reaktiv eine Antwort heraus. *Es* nämlich, das Wahre, Verdrängte, Unbewusste, gibt das frei, „was im Unbewussten darnach drängt, sich erkennen zu geben".[52] *Es* handelt sich um den Gegendrang zum Verdrängten. Aber *Es*, das *Es* im Vorgang der Anwendung des *Formel-Wortes*, ist der Anfang.

Das ist freilich eine Argumentation um zwei Ecken herum. Zuerst sage ich – Lacan folgend – dass die Schrift dem Realen am nächsten kommt. Aber das gilt nur, wenn sie mit dem *Strahlt* und *Spricht* so triadisch verbunden ist, wie in Lacans Bo-Knoten und in Prof. Ganteförs Dreiheit von Energie, Information und Entropie. Doch dann muss *Es* noch durch eine starke Verinnerlichung so weit kommen, dass es das Unbewusste zu einer Antwort zwingt (drängt, sich erkennen zu geben). Denn von außen her kann kein Wort, kein Bild und keine Schrift solches bewirken. Diese Weise des Verinnerlichens des Schriftzugs beschreibe ich noch genauer.

Aber von vornherein ist schon klar, wie die B(r)uchstaben geformt sind – einerseits –, und wie das Unbewusste aufgebaut ist – andererseits –, so dass das einzelne Subjekt in seiner *Es*- und Subjekt-Betonung zum

---

[52] Lacan, J., Seminar IX, Die Identifizierung, 7. Vortrag.

Zug kommt.[53] Nur so funktioniert die Wissenschaft v o m Subjekt, die – wie erwähnt – eine der Liebe unterstellte Wissenschaft ist. Ich berufe mich diesbezüglich nicht nur auf Lacan, sondern immer auch gerne auf den Paläoanthropologen T. Appleton. Appleton, der im Rahmen seiner Forschungen zu den Frühmenschen sagte, dass Liebe eine „kognitive Erkenntnismöglichkeit" sei, wenn es darum geht, etwas zu erforschen, das dem Wissenschaftler auf anderen Wegen nicht mehr zugänglich ist.[54]

Wie beispielsweise der Frühmensch, etwa der Neandertaler, gedacht, gefühlt und gesprochen hat, ist nur sehr schwer wissenschaftlich objektiv zu erfassen. Wie schon im Vorwort gesagt, geben die Knochenfunde allein zu wenig Anhalt. Dass er vielleicht schon eine Flöte aus Bambusrohr hergestellt hat, kann die Kenntnisse über den Neandertaler sicher bereichern,

---

[53] Oudee Dünkelsbühler, U., Zeugnis und Schrift: B(r)uchstaben an der Couch, Les Etats Généraux de la Psychanalyse (2001). Der Begriff B(r)uchstaben erscheint mir eine ideale Formulierung für diese zerstückelte Darstellungsweise der *Formulierungen* zu sein, indem sie „Buch" (Lettern, Text) mit „Staben" (Linien, Textur) genau durch das ihnen eigene Element verbindet, das Lacan als zentralen Bestandteil seiner Wissenschaft nennt: den Schnitt, der durch alles hindurch geht, und über den man hinaus muss.

[54] Appleton, T., Warum verschwanden die Neandertaler? Heyne (1999) S. 30

aber das letzte seines Wesens kann wohl nur durch ein sich intensiv in ihn Hineinversetzen, ja ihn Lieben, möglich werden. Auch Lacan drückte es so aus: „Oft kann man nur beweisen, dass etwas existiert, indem man liebt", und indem Appleton seine Neandertaler liebte, sie ihn faszinierten und nicht mehr losließen, konnte er sich tief in sie hineinfühlen, hineindenken und konkrete Aussagen erstellen.

Natürlich wird er nicht die Genauigkeit der Paläoanthropologen erreichen, die heutzutage auch seine DNA bestimmen können. Aber die DNA ist nun wirklich kein ausreichendes Phänomen zum Verständnis des Frühmenschen, auch wenn sie naturwissenschaftlich abgesichert ist. Die DNA ist nur ein realistisches Stück, äußerlich wirklich, aber nicht das Reale des Subjekts, das mit dem sprachlichen Bemühen und Wahrheitsstreben und mit dem imaginär Anschaulichen, ‚ultrasubjektiv Ausstrahlendem' verbunden ist, wie Lacan es nennt, und auf das es ankommt, wenn man etwas durch Liebe, durch totale Empathie und durch Wahlverwandtschaft beweisen will. Dazu ist das E-N-S-C-I-S-N-O-M gerade dadurch eine Hilfe, weil es als solches nichts sagt, sondern erst durch seine Verwendung als Meditationsformel eine konkrete Antwort liefert.

Zurück zum unsichtbaren Universum, in dem natürlich niemand ausdrücklich, bewusstheitlich, spricht, zumindest nicht so, wie es in der Linie vom A zum *Es* der obigen Abbildungen (Seite 19 und 90) dargestellt ist. Ich habe schon angedeutet, dass Dunkle Materie und Dunkle Energie nur etwas völlig Erfundenes sind, das aus der naturwissenschaftlichen Physik stammt. Das heißt, einzig das Wort „Dunkel" kann stimmen, und eine nicht direkt hörbare Aussage kann sehr wohl in Form bestimmter Zeichen darin stecken. Es ist klar, dass Zeichen, die – wie das *Formel-Wort* – nichts sagen, dennoch etwas vermitteln können, das Imaginäres und Sprachliches irgendwie in sich verbunden enthält, auch wenn es nur vorbewusst auf der Linie von a nach a‘ der obigen Abbildungen liegt.

Es verhält sich wie bei der künstlichen Intelligenz (KI), deren Zeichen (Buchstaben, Silben, Kurzsätze – sogenannte Token) im typographischen Raum unlesbar gespeichert sind, aber durch Eingabe eines Textes und mittels eines bestimmten Algorithmus eine Aussage herausgeben können. Ähnlich erging es einem früher mit den Hieroglyphen, von denen man wusste, dass ein Schreiber dahinterstand, auch wenn Bilder, Ikonographen und Buchstaben, sich darin vermischten. So andersartig diese Zeichen auch aussahen als die der lateinischen Schrift, erst mit dem Stein von Rosette konnte man eine Aussage entschlüsseln. In dem von mir entwickelten *Formel-Wort* stellt das Unbewusste den Algorithmus, den Rosette-Stein oder den Übersetzungs-Code dar, der vielleicht auch genauso geartet im unsichtbaren Universum steckt. Nur – das kann niemand pauschal veröffentlichen, das muss der Einzelne tun, indem nur er den Anfang dazu machen kann.

Den unsichtbaren Teil des Universums hört und sieht man nicht, und doch ist er nachweislich mitten im Menschen vorhanden und kann von daher aufgespürt werden, warum nicht? Es handelt sich um etwas unsichtbar Substanzielles, das mit dem sichtbar Substanziellen in äußerst enger Beziehung steht. An jedem Punkt der sichtbaren Welt befindet sich auch ein Punkt der unsichtbaren Welt, angeblich also in diesem so irren, winzigen Abstand von 10^{31} cm, also einer Art von Verschmelzungs-Abstand.[55] Ich darf mich so pauschal ausdrücken, weil ich später noch ausreichend Stellung dazu nehmen werde. Aber auch so ist schon klar, dass es um einen Abstand und eine superenge Verbundenheit geht, die zählt, die erzählt, die Signifikanten-Wirkung hat.

Schon Zeichen für Anwesenheit und Abwesenheit in Form von + und - oder sichtbar und unsichtbar ver-

---

[55] Randall, L., Verborgene Universen, Fischer Verlag (2008)

mitteln in verschiedenen Kombinationen (++-, -+-, +--, etc.) einen „symbolischen, also sprachlichen Automatismus“, wie Lacan schreibt. Wiederum geht es um die Linie der nur vorbewussten ‚Sprachmauer von a zu a'‘, etwas Imaginär-Reales, das sich dem Symbolisch-Realen entgegenstellt. Trotzdem, ein rudimentäres Sprechen ist da. Dieses Kontradiktorische, Gegensprachliche, wird aufgebrochen, wenn etwas *Spricht*, zu apodiktisch *Spricht*. Durch mehrere sich überschneidende Bedeutungen angeregt, gestützt und in Form gebracht, *Spricht Es* viel deutlicher in der Formulierung des E-N-S-C-I-S-N-O-M, auch wenn es äußerlich scheinbar nichts sagt. Aber es sagt etwas, wenn man es meditierend dem Unbewussten und Unsichtbaren anbietet, also die Signifikanten-Notation in so etwas wie einem *Formel-Wort* umkehren und zur Enthüllung führen kann.

Die Wahrheit kann nur vom einzelnen Subjekt kommen. Was früher ein Gott war, ein im Schein, im Glanz Erstrahlendes, der oder das den Vielen sagen konnte, was mit ihnen los war, ist wissenschaftlich nicht mehr befriedigend. Heute lassen wir das Wissen zusammenkommen, wissenschaftlich formiert, und lassen *Es* selbst sagen, was gültig ist. Wir fangen mit Aristoteles an, der also sagte, dass der Anfang bereits die Hälfte des Ganzen ist, und kommen dann zu Vieweg, der schließlich sagte, man solle sein Buch lesen und dann aufhören. Ich sage: Lies mein Buch und meditiere dann eine, bzw. mehrere dieser *Formel-Worte,* die nichts sagen, aber wissenschaftlich begründet sind und das Unbewusste, das mit dem unsichtbaren Universum zusammenhängt, zur Herausgabe einer Antwort provozieren. Definitiv darum geht es.

Denn so wird aus jedem Einzelnen heraus, der in dieser Weise meditiert, die Wahrheit zustande kommen, die als Ur-Sache schon da ist, denn sie hat mich gedrängt zu schreiben, und drängt hoffentlich auch andere dazu, zu meditieren, zu analysieren und mitzumachen an dem Ganzen, dessen Hälfte ja nunmehr in Form von MENS-CIS-NO, SCIS NOMEN, etc., schon vorhanden ist. Nochmals: Ich gehe davon aus, dass kein Sagen den Anfang vermitteln kann, es sei denn, man betont wie Lacan, dass *Es,* die Ursache, die Wahrheit ist, die nicht pauschal von der Kanzel, vom Hörsaal der Universität oder vom Bildschirm irgendeines Technokraten verkündet werden kann. Natürlich soll es um die grundlegende, essenzielle Wahrheit gehen, so wie sie Vieweg kritisch gesucht und – bezogen auf den Anfang – nicht gefunden hat. Deswegen musste ich etwas finden, das schon im allerersten Sagen, also schon im noch nichts Genaues Sagenden, bereits im Anfang wahr ist.

Es musste demnach etwas sein, das nicht lapidar und nur dahergefaselt oder nur informativ den Wahrheits-Anfang darstellt, sondern als das im Rätsel Versteckte, in einem Code Verschlüsselte oder wie in den Hieroglyphen Verborgene, zuerst einmal nichts sagt, aber durch eine bestimmte Methodik entschlüsselt werden kann. Denn das Rätsel enthält den Sinn in seiner zugespitztesten Form, wie Lacan monierte. Ähnlich, wenn auch fast umgekehrt, passiert es in der Meditation des *Formel-Wortes*, wo die Bedeutungen sich durch Überlappung, Überschneidung so zuspitzen, dass das Unbewusste oder das Unsichtbare mit der Ausgabe eines Sinns reagieren muss.

Daher jetzt noch ein bisschen mehr zum *Formel-Wort*: Beginnend beim E lässt sich ENS, das Sein, CIS, diesseits, NOM (Abkürzung für Name) lesen, also ‚das Sein diesseits des Namens'. Man kann aber auch beim S beginnen und SCIS NOMEN lesen: Du weißt den Namen. Geht man einmal vom C aus, liest man CIS NO, MENS, diesseits schwimme ich, oh Geist. Vom M oben links aus heißt MENS CIS NO, der Gedanke, der Geist. Verstand, diesseits, innerhalb von No (vom Nein), vom O ausgehend OMEN SCIS N, du kennst das Omen N, und C IS NOMEN S, hundert dieser Name S, usw. Auch wenn einzelne Bedeutungen etwas unsinnig sind, sind es doch grammatisch und syntaktisch klare Aussagen, die sich durch ihre Überlappung gleichzeitig auslöschen, und nur darauf kommt es an.

Beim Meditieren muss man sie alle ohnehin wieder vergessen, denn sie dienen nur dem Aufbau, der Sicherheit und der psychoanalytischen Struktur, nämlich zu wissen, dass sie aus überschneidenden Bedeutungen erstellt sind, wie es auch das Unbewusste ist. Dort versammeln sich – beispielsweise am Traum zu sehen – viele Bedeutungen, Traumbilder, Traumphrasen in einem letztlichen Traumgedanken, dessen Bedeutung man in der analytischen Psychotherapie herausfinden muss, um der verdrängten Wahrheit nahe zu kommen. Umgekehrt provozieren die *Formel-Worte*, deren Struktur man nunmehr jederzeit hinterfragen kann, die Herausgabe der verdrängten Wahrheit in einer Form, die ich – analog zu den *Formel-Worten* – *Pass-Worte* nenne (vorwiegend im Kapitel 6 beschrieben).

Man meditiert also nicht von Mystikern, von indischen oder buddhistischen Gurus oder von sonstigen Esoterikern Erfundenes, auch nicht religiös Ritualistisches oder sonst unwissenschaftlich Erstelltes, sondern von Anfang an Wirkendes, das nur die Wahrheit des Einzelnen hervorbringt, weil sie verborgen und verdrängt in ihm bereits – meist in Symptomen – steckt und nach außen hin insistiert. Man kann nicht

Wahrheiten generell über alle Köpfe hinweg verkünden. Auch die Philosophen können das nicht, sie schöpfen etwas aus sich heraus und ziehen sich dann an ihren Gedanken, wie Münchhausen an seinem Schopf, aus dem Sumpf dieses unmittelbar zu ermittelnden Ganzen heraus.

Wenn Vieweg daher sagt, er habe den Anfang, diesen Anfang als solchen, nicht gefunden und das „Lies mich" an den Schluss setzt, heißt dies, er will nur gelesen werden, mehr nicht. Gewiss kann man aus seinem Buch für sich selbst etwas Wahres machen. Doch ich gebe zu, ich habe sein Buch nicht vollkommen gelesen, für mich enthielt es zu viele komplexe, logische Zusammenhänge, und so konnte ich keinen Anfang für mich selbst finden. Aber obwohl ich einfacher argumentiere, und nur eine simple B(r)uchstaben-Kombination anbiete, weiß ich nicht, ob ich wirklich Besseres vermittle. Die B(r)uchstaben erinnern an die bekannten Versprecher in der Psychoanalyse, die eben auf ihre sehr intensive Weise die Wahrheit enthüllen, die mitten in ihnen steckt. Um ein derartiges – wenn auch umgekehrtes – Verstecktsein, geht es auch beim *Formel-Wort*.

Denn auch im E-N-S-C-I-S-N-O-M ruht ein „symbolischer Automatismus" (wie es übrigens auch in der KI der Fall ist), der den gleichen Automatismus im Unbewussten und Unsichtbaren weckt, und damit an das Verstecktsein rührt, das zwischen den Buchstabenkombinationen besteht. Diese Tatsache kann keine Wissenschaft umgehen. Nur physikalische Kräfte wirken lassen hat nie funktioniert. Auch keine religiösen Feststellungen, keine geisteswissenschaftlichen Ergüsse, keine Behauptung, es gehe um harte Materie und enorme Energie, kann das Problem des Anfangs lösen. Ich kann nur jeden auffordern, einen Versuch mit der *Analytischen Psychokatharsis* zu machen, um selbst zu sehen, was mit dem Anfang und mit ihm selbst los ist.

Denn entscheidend ist das, was schon in der klassischen Psychoanalyse den Endeffekt darstellt: Die Deutung der ‚freien Assoziationen', der Träume, der Versprecher und sonstigen psychischen ‚Fehlleistungen'. Diese Deutung benötigt nicht nur die ständige Gegenwart des Analytikers, die oft wegen dessen Gegenübertragung eher hinderlich ist. Das analytische Vorgehen braucht auch viel Zeit und ist teuer. Das ist in der *Analytischen Psychokatharsis* anders: Das Objekt der Übertragung ist hier der/das unbewusste *Andere* in einem selbst, und die Deutung liegt in den durch die Katharsis geförderten, von innen heraus zu hörenden *Pass-Worten*, zu denen ich in den nächsten Kapiteln Stellung nehmen will. Kosten gibt es keine.

6. *Pass-Worte* aus dem Unsichtbaren

Das Nach-innen-Hören lenkt in dem genannten Zustand der verstärkten Katharsis den Aufmerksamkeitsvorgang in die Richtung, wo das Verdrängte zu seiner Wiederkehr gelangen will – und zwar eben nicht mehr unbewusst, wodurch es, wie üblich, weiter verdrängt bleiben würde, sondern ins Vorbewusste verschoben, wo es also lautsprachlich hörbar ist. Es geht nicht um ein ‚Stimmenhören' wie das Phänomen bezeichnet wird, wenn es ohne Steuerung und Sicherung zustande kommt, also nicht so, wie gelenkt durch das Wiederholen der *Formel-Worte,* sondern spontan und krankhaft Worte aus dem Inneren vernommen werden. Die *Formel-Worte* verhindern den unkontrollierten Zugang zum Unbewussten. Lediglich im Zustand der Katharsis, der beglückenden Gehobenheit wie in der Hypnose erfahrbar, bahnt sich das zur Wahrheit zurückkehrende und dann nach vorne hin insistierende Verdrängte seinen Weg. Aber im Gegensatz zum Hypnotisierten ist der die *Analytische Psychokatharsis* Übende frei, bewusst, sublimiert.

Ohne die Katharsis würde die Enthüllung der Wahrheit durch eine aus dem Unbewussten auftauchende Phrase, das *Pass-Wort,* nicht funktionieren, denn diese Wahrheit ist auch diejenige, die die Ursache des Verdrängten ist, weil man sie nicht kennen will. Die *Pass-*

Worte der *Analytischen Psychokatharsis* erscheinen erst im Nachhinein der ersten Übung, die ja bereits im Vorbewussten stattfindet, aber eben im Moment der Katharsis oder auch einfach nach einiger Zeit des Übens zur Wirkung kommend die Phrase des *Pass-Wortes* freigeben. Die *Pass-Worte* erinnern an das, was Freud auch von manchen Träumen sagte, nämlich dass man ihren Sinn manchmal direkt „vom Blatt ablesen kann", also etwas, das nunmehr schon vorgeformt aus dem Vorbewussten kommt, und nicht wie die üblichen Träume aus dem Unbewussten.[56]

Was Freud hier andeutet, findet äußerst selten statt, wenn es auch dadurch besonders effektvoll erscheinen kann. Freud berichtet z. B. von dem Traum eines Patienten, in dem die Formulierung „erzephilisch" vorkam. Der Träumer hatte sofort selbst den richtigen Einfall, dass in dieser Phrase die Worte „erzieherisch" und „Syphilis" stecken. Untereinander geschrieben (siehe Abb. unten) bemerkt man, dass es bei diesen Traum-B(r)uchstaben um etwas handelt, das wie ein Freud´scher Versprecher mehrfach determiniert aufgebaut ist, und daher tatsächlich ähnlich erstellt ist, wie ein *Formel-* oder *Pass-Wort*. Der Träumer hatte schon Vorkenntnisse von sich und seinem

erz e phil is ch
erz ie her is ch
Sy phil is

[56] Freud, S., GW XI, Vorlesung 10, Symbolik des Traums.

Unbewussten, worin sich deutlich ein Konflikt von ihm verbarg.

Er hatte nämlich am Abend einer Frau ein Buch mit dem Titel ‚Über die Prostitution' zu lesen gegeben, um ‚erzieherisch' auf sie einzuwirken, hatte jedoch dann selbst das drängende Gefühl, dass dies ‚vergiftend' (wie Syphilis) auf sie gewirkt haben könnte. Er hatte wohl selbst eher sexuelle als erzieherische Absichten, auch wenn er diese Deutung nicht – schon gar nicht vom Blatt weg – abgelesen hat. Doch so ähnlich wie der psychoanalytische Vorgang mit einem triebbezogenen Ausgangspunkt und dessen Deutung mit dem erweiterten „erzephilisch" verhält es sich auch mit *Formel-* und *Pass-Worten.* Die *Formel-Worte* fördern das zur Wiederkehr und zur Enthüllung drängende des Verdrängten, gesichert und durch die Übung geführt, zur Aussage durch eine ähnliche Überdeterminierung. Doch wie ich noch schreiben werde, können sich dadurch nicht nur sexual-kausale Einsichten erhellen, sondern auch kreativ-finale, die wie früher Prophezeiungen konstruktiv wirken.

Mit anderen Worten: Das *Pass-Wort* ist meistens wie vom Blatt ablesbar, es enthält das wahre Informationsfeld von Prof. Ganteför. Man muss nur Vorkenntnisse haben, die ich in diesem oder anderen Büchern geschildert habe, und die sich – einerseits – auf Freud und Lacan und deren sexuell charakterisiertes Begehren beziehen, also auf all das, wovon *Es Spricht,* das Symbolisch-Reale. Aber das ist ja nicht alles, da das, was *Es* ausstrahlt, das unverständliche Bildhafte, Imaginär-Reale, genauso im *Pass-Wort* zum Ausdruck kommen kann. Es wird aber ebenfalls das enthalten, das ‚sich zu erkennen geben drängt', und das kann durchaus mit etwas zu tun haben, das nicht so sehr das sexuell charakterisierte Begehren betrifft, sondern ein soziales, künstlerisches oder gar zur Wissenschaft drängendes Begehren beinhaltet.

All dies ist der KI völlig fremd, denn es geht ihr nicht um Wahrheiten, sondern nur um Wissen. Die KI Experten sagen zwar, dass die KI psychotherapeutische Ratschläge geben kann, aber bei diesen handelt es sich lediglich um ein fürsorgliches Zureden, um eine Stärkung des Ichs bis hin zum Egoismus. Die Wahrheit dagegen kann manchmal auch unangenehm sein, wie das Beispiel des gerade oben geschilderten Träumers zeigte. Doch die Deutung seines Traums hatte trotz einer gewissen Negativität auf ihn eine positive Wirkung, wie Freud erklärte und wohl auch jedem ersichtlich ist, auch wenn die eigentliche Deutung seines Sexualwunsches nicht ganz klar war.

Eine meiner Patientinnen, die mit der Methode der *Analytischen Psychokatharsis* schon längere Zeit geübt hatte, sich aber auch ein wenig in psychoanalytischer Literatur auskannte, weil sie Psychologin war, berichtete mir: Nachdem sie in der ersten Übung ein paar *Formel-Worte* rein gedanklich wiederholt und eine befreiende Luzidität (Blick-Bild, das *Es Strahlt*, ‚Strahltpunkt') kathartisch wahrgenommen hatte, konzentrierte sie sich in der zweiten Übung auf den ‚Laut' (das Wort-Wirkende, das *Es Spricht*). Wie von ferne kommend, leise, aber doch klar, vernahm sie nach einiger Zeit der Meditation den Spruch: „Schwarz gehört!" Das war ein vorbewusstes Sprechen aus dem eigenen Inneren.

Was soll das heißen, schwarz gehört!? Die Psychologin fühlte sich schon allein von der Tatsache, dass es ein inneres Hören gibt, etwas überwältigt, denn so etwas ist in der Psychologie nicht üblich. Und dann: Schwarz gesehen, so etwas sagt man schon öfter, wenn man pessimistisch ist. Aber schwarz gehört!? Na klar", sagte sie mir jedoch später, „man kann schwarz fahren, schwarz Geld umtauschen und eben auch schwarz hören, denn genau das ist es doch: Es geht in der Meditation nicht um das normale Hören mit dem Ohr, auch nicht um das Hören mit dem ‚Dritten Ohr', wie es der Psychoanalytiker T. Reik einmal formulierte" Als Psychologin kannte sie diesen Spruch, und ich meinte: Reik hat es sogar poetisch originell gesagt, aber wissenschaftlich würde man das anders bezeichnen. Und überhaupt, hat man nicht im Krieg den Ausdruck oft gebraucht, wenn es um das Hören verbotener Radiosender, speziell der Feindsender, ging? Ja, Schwarzhören war im Krieg ein ‚Rundfunkverbrechen' und auch heute noch gibt es an Universitäten Schwarzhörer, die unerlaubt in Vorlesungen gehen, oder andere, die verbotenerweise Telefone abhören.

Meiner Probandin fielen dann auch relativ schnell die wichtigen Dinge ein, die sie wohl mehr oder weniger ‚schwarz gehört', die sie aber auch selbst verbreitet hatte, nämlich all die Intrigen, Mauscheleien und die hinter vorgehaltener Hand geflüsterten Sätze. Sie waren doch nichts anderes gewesen als im Schwarz-Dunklen getauschte Kommunikationen. Man hätte sie nicht hören und sprechen sollen, so wie man auch die ins Unbewusste hin verdrängten Gedanken und Bedeutungen nicht hören will. Wer will schon die eigenen, niedrigen, unguten Gedanken hören, die man bei sich nicht mag?

Niemand sitzt dabei, wenn man beim Meditieren etwas in sich hört, und doch handelt es sich um etwas manifest Gesagtes. ‚Hast du etwas heimlich, also schwarz gehört?', fragte sich meine Probandin schließlich und fühlte sich dadurch noch etwas weiter überwältigt. „Ich habe mich ertappt gefühlt, aufgeschreckt, und tatsächlich fiel mir ein, dass ich als Kind ein Gespräch meines Bruders belauscht habe, und das hatte alle möglichen Konsequenzen", berichtete sie. Etwas belauschen ist etwas Ähnliches, wenn auch Umgekehrtes, wie ein Sich-Versprechen. Im Verborgenen sich tummelnde Laute enthüllen sich und überwältigen einen. Aber kann man daraus nicht etwas Wichtiges, Gutes, Hilfreiches machen? Bekommt man nicht durch diese intime Stimme des *Pass-Wortes* mehr mitgeteilt als in den tausenden von Social-Media-Kanälen oder von den nur ein wenig in Psychosomatik ausgebildeten Ärzten? Geht es nicht um einen Namen, Eigennamen, um ein eigenes Sprechen im Namen des Unbewussten, im Namen des Unsichtbaren, unsichtbaren Universums?

Diese Stimme ist so vertraut, so intim und wahr wie die, die ich von der Heiligen Teresa von Ávila gerne zitiere. Als die Heilige mit ihrem Wagen in einem Fluss umstürzte, hörte sie eine Stimme vom Himmel her sagen: „So behandle ich meine Freunde", worauf sie gewitzt entgegnete: „Deswegen hast du auch so wenige." Es konnte eigentlich nicht die Stimme Gottes sein, sondern die ihres jesushaften *Anderen,* der im Gegensatz zu Gott eben sarkastisch und ironisch sein konnte. Es war wohl die Stimme des *Es* in der ‚Ich-Du'-Form eines maliziösen Dialogpartners, der sich – der Intention der Heiligen entsprechend – zwar vor dem

Hintergrund eines religiös dominierten ‚Wir' ereignete, aber wie ein Ich-Du Gespräch verlief. Aber wäre es demnach nicht besser, dass man die Stimme aus dem Himmel als eine aus dem unsichtbaren Universum stammende Verlautung deuten könnte?

Haarspalterei, der Heiligen selbst hätte man so etwas nicht sagen können. Allerdings könnte der Jesushafte *Andere* sehr wohl Pater Jeronimus Gracián gewesen sein. Die beiden umkreisten sich wie zwei Neutronen-Sterne, nämlich genauso gewaltig und eng, geistig und doch minutiös auch irdisch.[57] Die heilige Teresa war damals bereits Oberin ihres ‚Unbeschuhten Karmeliter-Ordens', der um dreißig Jahre jüngere Pater Jeronimus Gracián aber ihr Vorgesetzter in ordensbehördlichen Angelegenheiten. Doch vom ersten Moment an waren sie heftig ineinander verliebt, was sie jedoch ausschließlich als himmlische ‚caridad' (Spanisch für die lateinische caritas) verstehen wollten.

Sie waren beide klar und offen genug, dass sich dahinter wohl auch mehr und anderes versteckte als nur eine sozial und vor allem theologisch vertretbare Beziehung. Umso reichhaltiger, poetischer, empathischer fühlen sich ihre Briefe und persönlichen Begeg-

---

[57] Lorenz, E., ‚Nicht alle Nonnen dürfen das', Theresa von Avila und Pater Gracián, die Geschichte einer großen Begegnung, Herder (1984)

nungen an. Und so wird auch Teresas Entzücken an dem jungen Mann und sein Schwärmen von ihrer Schönheit und grazilen Körperlichkeit nicht verschwiegen, obwohl im Orden und auch außerhalb alles Mögliche gemunkelt und bezichtigt wurde. Teresa von Ávila schrieb dann schon mal statt von ‚caridad' von ‚amor' und vor allem, dass „sie sich das leisten könne, was nicht jede Nonne darf". Schließlich war sie schon sehr lange als Visionärin und Gotterwählte bekannt und viele suchten ihren Rat.

Hier Gott im Spiel zu sehen, war damals freilich unumgänglich, aber aus heutiger Sicht klingt all dies eher nach einer starken, neutralen, innerpsychischen Instanz. Eher könnte man sagen, dass die Stimme vom Himmel nicht die einer erfundenen Transzendenz ist, sondern die des realen, aber nicht sichtbaren Universums oder des Unbewussten, das hier schon vorbewusst agiert. Es geht um ein gegenüber Freud noch erweitertes Unbewusstes, das mit dem unsichtbaren Universum sogar gleichzusetzen ist. Gewiss greift sich dieses Schatten-Universum mit seinem Nano-Abstand zum lebenden Menschen etwas vom Vorbewussten, etwas, das – vom Plus als anwesend und vom Minus als abwesenden Zeichen, Lauten oder Berührtheiten – besteht, in denen Lacan einen sprachlichen Automatismus erkennt, kurz: etwas pulsiert von Anfang an im Unbewussten, Unsichtbaren, ohne das es kein vorbewusstes, imaginäres, sprachmauerhaftes *Pass-Wort* gibt, das dem, der es hört, meist mehr sagt als das, was man sich in der Psychoanalyse erarbeitet. Und der dem, der es z. B. in der Katharsis berührend spürt, mehr gibt, als die alltäglichen Genüsse, nämlich das Genießen des Realen, das, wie Lacan betont, auch das Reale des Genießens ist.

Denn überall in diesem *Spricht* schwingt auch das *Strahlt* des Bild- und Berührungshaften mit, das im unsichtbaren Universum eine gewisse Dicke (nur wenig Dunkle Masse) und Fließendes (Dunkle Energie) enthält, die man mit den Neutrinos nicht spürbar und auch mit dem Informationsfeld nicht erkennbar machen konnte. Aber die heiße Liebe, wie sie die Mystikerinnen wie die Teresa von Avila oder die Mechthild von Magdeburg erfahren haben,[58] war die volle Berührtheit, das exzitatorische Angerührtsein, und warum sollte man dieses nicht auch in der *Analytischen Psychokatharsis* erreichen können? Denn während das *Strahlt* in der Psychoanalyse viel zu kurz kommt, hat es in der *Analytischen Psychokatharsis* seinen Platz.

---

[58] Mechthild von Magdeburg, Das Fließende Licht der Gottheit, Verlag der Weltreligionen (2010) II. 21

Dort lässt sich das Unbewusste deutlicher vom Real-Imaginären her begreifen, weil es seine Andersheit nicht im Flatland bekommt, wie es die heutige Astrophysik anhand der Hintergrundstrahlung wohl schlüssig bewiesen hat. Es kann nur stellenweise Dreidimensionalität, also Dicke, aufweisen. Auch Lacan ging davon aus, dass wir im Flatland leben, indem wir auf Papierseiten starren, auf Bildschirme, Fernseher, Smartphones und andere Flächen, „sodass wir zwar nicht das Volumen haben, aber doch zweidimensional sind... Es gibt das Profil, die Projektion, die Silhouette, also all das, was wir an einem geliebten Menschen lieben. Wir lieben nichts mehr als das.“ [59]

„Das Volumen, die Dicke, allein die Handhabung dessen, was ich Ihnen vorhin empfohlen habe“, so Lacan weiter, „wird Ihnen zeigen, wie sehr wir abwesend sind. Aber es gibt noch etwas anderes, das wir für Volumen halten, und zwar den Knoten. Wir machen daraus Metaphern, die nicht unbegründet sind: die Knoten der Freundschaft, die Knoten der Liebe... Nun, das hängt damit zusammen, dass es unsere einzige Möglichkeit ist, Volumen zu erlangen, wenn wir jemanden an uns drücken. Das passiert mir auch.“ Es passiert hoffentlich jedem. Da es das Einzige ist, was wirklich Volumen, also drei Dimensionen, hat, sollte man viel-

---

[59] Lacan, J., Seminaire XXI, Vortrag vom 11. 12. 1973

leicht von daher den Gedanken an den Anfang wieder aufnehmen. Warum nicht damit anfangen, dass aus der Zweidimensionalität eine Dreidimensionalität geworden ist, die dem Imaginär-Realen deutlicher entspricht, und das auch noch versehen mit einer Umarmung?

Könnte es nicht sein, dass die Katharsis, die sich in der *Analytischen Psychokatharsis* anfühlt wie ein Gedrücktwerden, eine Umarmung aus dem unsichtbaren Universum ist? Oder ist das viel zu amourös und völlig unpassend schwärmerisch ausgedrückt? Gut, es kommt auf Einzelheiten nicht an. Es genügt zu wissen, dass das unsichtbare Universum mitten in und unter uns ist, nur 10^{-31} cm entfernt, wie die Astrophysikerin L. Randall sagte. Das ist praktisch mit uns identisch, also mehr als umarmt. Der Anfang muss ja nicht philosophisch erklärt und definiert werden. Der Philosoph denkt zu viel, wenn er auch für manche Probleme gute Ansätze und auch Lösungen findet.

Aber aus dem bisher Gesagten erschließt sich klar, dass das unsichtbare Universum in einem selbst erfahrbar und also in Form einer inneren Schwellung, Dicke, spürbar sein muss. Auch wenn man bei den klassischen Annahmen von Dunkler Masse und Energie bleiben will, sind diese ja nur in minimalster Weise vorhanden, doch das ist das Unbewusste ja auch. Und zudem, wie gering es auch sein mag, das Innerste des Symbolisch/Imaginär/Realen im unsichtbaren Universum des Menschen hat einen Zugang zum Begehrensobjekt a, zum Genießen, zur Berürtheit, zu irgendetwas, das ich als das unmittelbare Verbindungstück zwischen Universum und Mensch ansehe, wenn man sich nicht mit den ewig trostlosen Bemerkungen der Natur- und Geisteswissenschaftler zufrieden geben will. Ich finde, es ist so naheliegend, dass eine moderne Lösung gefunden werden muss für das, was Religion, Mythologie, literarische Schwärmerei, nüchterne Sachwissenschaften etc. bisher angerichtet haben. Die Umarmung in einem selbst lässt einen wieder vollkommen zu sich kommen.

Es ergeht einem wie mit der KI, die zu wenig von der Dreidimensionalität, von der ‚Dicke' der Welt und deren Kontext versteht und deswegen auch von daher zum Faktischen, zum Realen keine Aussage machen kann.[60] Sie kann auch nicht die Wahrheit sagen, da sie kein Subjekt ist, also kein Ich, kein Über-Ich und kein *Es* hat, wie diese Bereiche bei Freud heißen. Das alles ist für mich ein Grund, weg von dem übergroßen Schein der unreifen, alltäglich banalen, vorbewussten Sprache zu kommen und den Anfang dort zu suchen, wo die Wissenschaft der Liebe unterstellt ist, wie ich

[60] Zweig, K., Künstliche Intelligenz, DIE ZEIT vom 25. 10. 2025

es in Bezug auf die Paläoanthropologie schon erwähnt habe.

Die Frühmenschen, die eine andersgeartete, eher vorbewusste Sprache hatten als der moderne Vielredner heute, konnten diesen Mangel dadurch ausgleichen, dass sie untereinander sehr viel mit gegenseitigen Berührungen, also mit Lacans Volumen, mit der Berührtheit, direkt kommunizierten. Schon die Psychoanalytiker O. Rank und D. Anzieu, die zu Freud eine etwas außenseiterische Position einnahmen, haben versucht zu zeigen, dass es nicht nur psychische Fixierungen an Zonen, also eine objekthafte psychische Konstanz im Rahmen des Ödipuskomplexes gibt, sondern dass auch heutzutage ein unbewusstes ‚Berührungs-Objekt' eine wichtige Rolle spielt.

Gerade dieses engste Zusammensein auch im weiteren Leben war unter den Frühmenschen noch bis vor ca. vierzigtausend Jahren geläufig. Diese frühen Bewohner unseres Planeten haben die Beziehungen der Menschen untereinander auf ihre Weise viel enger, kompakter und miteinander verbundener erfahren als der moderne Mensch, nicht nur, weil sie eine rudimentäre Verbal-Sprache hatten, sondern auch, weil sie nur in kleinen Gruppen lebten. Sie benötigten gar keine ausgefeilte, verbal perfekte Sprache, da sie sich wiederholt berühren, anfassen, streicheln und drücken konnten, woran sich niemand störte, weil sie sich alle kannten.

Ihr Unbewusstes war von vornherein weniger auf zonale ‚Mehrlust-Objekte' (das a im Bo-Knoten) bezogen,[61] sondern einfach mehr berührungsorientiert, am direkten Spüren aufgebaut, wie ich es auch vom Philosophen D. Heller-Roazen als ‚Inner Touch' schon geschildert habe.[62] Die Frühmenschen haben geradezu von Haut zu Haut kommuniziert, so als spielten sie noch Mutter/Kleinkind und verständigten sich so sehr körpernah. Die Haut ist keine Zone, sie ist etwas Ganzes, an das die klassische Psychoanalyse nicht herankommt. Eine Verbal-Sprache war bei den Frühmenschen auch deswegen nur gering ausgeprägt, weil sie nur Frikative und Plosive nutzten und ihnen noch Teile der Konsonanten fehlten.

Doch Rank und Anzieu sprachen diesem Tast- und Berührungsbegehren auch heute noch eine eigene Sprach- und Kommunikationsmacht zu, die für den heutigen Menschen eben total verdrängt, ja psychisch ganz abgespalten ist. Anzieu beschrieb genau diesen Aspekt und Konflikt des Getasts, des ‚Berührungs-

---

[61] Zonal, weil es z. B. an die Mundzone, ans Orale, gebunden ist.
[62] Heller-Roazen, D., Der innere Sinn (The Inner Touch), Archäologie eines Gefühls, Fischer (2012)

Objekts', in seinem Buch ,Das Haut-Ich'.[63] Wie Rank sah er es als ein Ur-Objekt neuro-psychischer Natur an, als ein Ganz-Körper-Phantom. Denn wo ist der Körper mehr ganz als in seiner Haut? Anzieu nennt dieses Haut-Ich auch eine phantasmatische Wirklichkeit, die sich vor und in der Phase nach der Geburt durch die intensive Berührung der Haut der Mutter und der des Kindes ausbildet und damit eine „Grenzflächen-Haut", also für das Kind eine zweite Haut, eben die Phantomhaut, erzeugt, wie übrigens ja auch beim zonalen Oralobjekt die Mutterbrust für das Kind seine eigenen erweiterten Lippen sind.

Um die Verdrängung und Abspaltung dieses ,Berührungs-Objekts' rückgängig zu machen, entwickelte Rank ein eigenes psychoanalytisches Vorgehen, das die Deutung auf den ,Sex', wie bei Freud üblich, vermied. Ihm war der Inzest-Komplex zu radikal. Rank, der sich in der Übertragung als das mütterliche Objekt verstand, wollte den Patienten bei seinen ursprünglichen Phantasien, künstlerischen Gedanken und Gefühlen belassen, und sich ohne Sexualdeutung aus der Projektion befreien. Doch das ging nicht so leicht. Notfalls verkürzte Rank einfach die Sitzungen oder legte von vornherein das Ende der Behandlung fest. Aber die Hauptfrage blieb, wie man das ,Berührungs-

[63] Anzieu, D., Das Haut-Ich, Suhrkamp (1991)

Objekt', das Haut-Ich, in der Praxis erhalten könnte, dass es seine originäre Berührungs-Intensität, sein Begehren ohne zu viel ‚Sex' behält, sodass man Logik daraus machen könnte.

Der moderne Mensch hat sich von den ‚Berührungs-Objekten' schon zu weit entfernt, er ist ein Massen-Mensch, der ständig von Fremden umgeben ist. Er hat seine Begreifens-Sprache so andersartig und intensiv zum Verbalen hin ausgebaut, dass es nicht mehr geht, in diesen großen Gruppen sich kaum kennender Menschen von Haut zu Haut zu kommunizieren. Es ist einfach völlig unmöglich geworden, sich ständig hautnah zu sein und zuzufassen. Es gibt keinen Tast-Sprach-Code, keine Befummelungs-Grammatik mehr. Im Gegenteil, im allgemein gesellschaftlichen Umgang existieren nur noch der Handschlag, die sozial codierte Umarmung und das Schulterklopfen. Die Psychoanalytiker sprechen vom Berührungs-Tabu, einem unbewussten Berührungsverbot, und dies vor allem im psychoanalytischen Sprechzimmer. Außerhalb davon gilt wenigstens die Empfehlung, sich also mal zu drücken, wenn der Beziehungsrahmen klar ist.

Die bei den Frühmenschen, den Neandertalern, die nur eine rudimentäre Sprache besaßen, gut funktionierende Phantomhaut hat große kommunikative Bedeutung gehabt, ist aber – wie gesagt – durch den

Einsatz von Sprache und Worten völlig ersetzt worden, die dann in einer Art Umkehr eine Art Berührungs-Tabu erzeugten. Zwar existieren Versuche sogenannter Körpertherapien, bei denen der Therapeut auf seinem am Boden liegenden Patienten kniet oder ihn sonst irgendwie bewegt. Er will damit Ur-Erfahrungen aus dem präödipalen Bereich dieses ‚Berührungs-Objekts' aktivieren und dann darüber fundiert sprechen können. Aber die Differenz von Körperbehandlung zum analytischen, wahren und reifen Sprechen ist zu groß, als dass man dadurch effektive Psycho-Therapie oder -Analyse betreiben könnte. Auch die Körpertherapeuten können die Abhängigkeit von der Mutter-Imago, vom ‚Ur-Objekt der Libido', der ‚Mutter-Sache' – wie Lacan sagt – nicht auflösen. Die Manipulationen am Körper zur Herstellung der Form eines ‚Berührungs-Objekts' wirken bei weitem nicht genug, und schon gar nicht wird daraus eine Logik.

In der *Analytischen Psychokatharsis* lässt sich dies ganz anders und so doch auch positiv gestalten. Es wird wie in einer Hypnose eine Berührungs-Intensität, ein ‚Berührungs-Objekt' in Form der intensiven Katharsis hergestellt, das durch die monoton wiederholten und nichts definitiv sagenden *Formel-Worte* – im Gegensatz zur Stimmabhängigkeit vom Hypnotiseur – erzeugt wird. Denn da diese außer der Monotonie eben auch keinen Sinn transportieren, vermitteln sie wie der Therapeut absolute Neutralität. In der Katharsis, die all das gerade vom Haut-Ich berichtete, in Szene setzt und die Mutter-Imago, das libidinöse Ur-,Objekt', wiederbelebt, kommt es dennoch nicht zu einer falschen, übergriffigen oder missverständlichen Reaktion, aber doch zu einem Beziehungs-Höhepunkt.

Denn das Ziel liegt ganz woanders, es liegt nicht in den Manipulationen, die wunderbare Berührungen zum Ziel haben, sondern befindet sich im kathartisch Realen der *Pass-Worte*, wo die gültige Wahrheit über die verdrängten ,Mehrlust-Objekte' zu erfahren ist. Der zugrunde liegende Konflikt wird nicht mit der Mutter-Imago inzestuös ausagiert, sondern durch die *Formel-Worte* so lange im Zaum gehalten, bis beim kathartischen Übergang von der ersten zur zweiten Übung der *Analytischen Psychokatharsis* ein berührungshaftes Genießen des Realen, das – wie Lacan anmerkt – auch das Reale des Genießens ist, erreicht ist, indem es vom *Pass-Wort* gekrönt wird, aber auch schon vorher vorhanden war in dieser total verdrängten Berührung mit dem unsichtbaren Universum.

Warum sollte es so gesehen nicht ein universales Genießen geben, ein ,Körpergenießen'? Schließlich ist das unsichtbare Universum ja nicht unkörperlich, nicht unsubstanziell. Lacan sagt ausdrücklich, „dass die eigentliche Definition eines Körpers darin besteht, dass er eine ‚substance jouissante' ist," ein genießendes Substanzielles.[64] „Wieso hat das noch nie jemand behauptet? Dies ist das Einzige, abgesehen vom Mythos, das wirklich erfahrbar ist. Ein Körper genießt sich selbst, er genießt es gut oder schlecht . . .," sagt Lacan in seinem Seminar XXI, und er ergänzt, dass das ganze Körperselbstgenießen nur funktioniert, wenn es in den Rahmen gestellt ist, in dem neben dem Realen auch Wort- und Bild-Wirkendes präsent ist, wie es der Bo-Knoten zeigt. Jedenfalls ist diese Definition des originären Körpergenießens allemal besser als die Behauptung, dass das wahre Genießen erst nach dem Tod eintritt, nämlich mit oder nach der ‚leiblichen Auferstehung'. Auch einen Tod des Universums – gerade hinsichtlich des Unsichtbaren – kann es nicht geben.

Beim Menschen kann das ‚Berührungs-Objekt', das Getast, in den Reifungsprozess mit einbezogen werden, indem man es in seiner Intensität zwar wahrnehmen kann (Katharsis, Empfindung eines Körper-Durchrieselns, wie es z. B. auch beim Hören eines emotional stark bewegenden Musikstücks stattfinden kann), aber nicht in ihm hängen bleibt, weil am

---

[64] Lacan, J., Seminar XXI, Vortrag vom 12. 3. 1974

Höhepunkt des Erscheinungs-Wirkenden, des *Es Strahlt*, im Erfahren der Katharsis und im Wechsel zur zweiten Übung, das Wort-Wirkende schnell zum Zug kommt, also ein *Pass-Wort* als Deutung zu hören ist. Solch ein Vorgang wird sich innerhalb des Universums allein nicht ereignen, denn dessen Genießen ist zwar real im Sinne des Realen des Genießens, das das Genießen des Realen ist, aber anfangen kann man damit nur, wenn man es – wie in der *Analytischen Psychokatharsis* – selbst erfährt. Ich bin berechtigt, so vom Genießen zu sprechen, denn es geht genau um dieses Reale, das nicht Realität ist, aber dafür originär, authentisch. In den gehobenen Zustand der Katharsis ist man mit sich und der Welt eins, und dem sollen die *Pass-Worte* Nachhaltigkeit verleihen, wie man heute gerne sagt.

Denn die Katharsis funktioniert mit ihrem Körper-Durchrieseln durchaus ‚objekthaft', also in Form einer Art des ‚Berührungs-Objektes'. So hat es auch bei Mystikern, Esoterikern und selbst bei Freuds Hypnosebehandlungen, in denen, wie erwähnt, die Patienten sich in eine Abhängigkeits-Katharsis von der Stimme des Therapeuten hineinsteigerten, nur vorbewusst funktioniert, und so keine wahre Logik zustande kommen lassen. Freud musste deswegen seine Methode in Richtung der nunmehr klassischen Psychoanalyse ändern. In der *Analytischen Psychokatharsis* jedoch, kann daraus Logik gemacht werden, wie das Beispiel mit dem ‚schwarz gehört' zeigen konnte. Erst in der Erhöhung durch die Katharsis kann das Unbewusste so zugänglich werden, dass es das freigibt, „was im Unbewussten darnach drängt, sich erkennen zu geben".[65] So eben zum Beispiel ein *Pass-Wort*, das genau die Aussage zu Tage fördert, die aus der Verdrängung herausstrebt.

Die *Pass-Worte* können so über die Deutung des unbewusst Ursächlichen auch ins Finale, ins Werden, ins Kreative hineinwirken. Es ist zwar gut, sich bei den *Pass-Worten* immer danach zu fragen, ob es etwas mit der Freudschen Sexualtheorie zu tun hat oder sich etwas Aggressives darin verbirgt, aber wenn nichts dafür spricht, darf man sich der Richtung des Finalen, des in eine Richtung des Werdens, des sich kreativen Entwickelns, des sich zum wahren, vollen Sprechen hin Führenden, zuwenden. Auch wenn es sich nicht mehr wie früher um Prophezeiungen handelt, sind es doch Hinweise auf eine Möglichkeit des Denkens, Handelns und wissenschaftlichen Bemühens, an das man bewusst niemals gedacht hätte, aber das Unbewusste, das unsichtbare Universum, weiß mehr.

---

[65] Lacan, J., Seminar IX, Die Identifizierung, 7. Vortrag.

7. Vision, Berührtheit und die immaterielle Intelligenz des Universums

'Visionen' sind keine wissenschaftlich fundierten Erfahrungen, sie lassen eher etwas Paranoides oder Psychotisches vermuten. Aber auch vom unsichtbaren Universum haben wir nur eine Art von 'Vision', von gesteigerter Vorstellung, von mutmaßlichen Zuschreibungen wie denen der Dunklen Materie und Energie, vorliegen. Doch dies gilt insbesondere für das, was mit dem Bild- und Blickhaften, dem *Es Strahlt*, im umfassendsten Sinne zu tun hat, was also so viel und, wie schon oft erwähnt, so uferlos durchdringend ist, dass auch die KI damit nicht fertig wird. In einem aktuellen Artikel der Frankfurter Allgemeinen Sonntagszeitung wird darüber berichtet, dass die Bild- und Video-Erfassung der Welt durch die KI eine neue und ganz andere, komplexe Software nötig machen würde.[66]

Es wird ihr wohl nie ganz gelingen, was ein Kind bereits in den ersten Lebensmonaten erlernt hat, nämlich diese intuitiv geordnete, weitgehende Selbsterfassung der Welt. Genauso wird sie Versuche, den *Strahlt/Spricht*-Komplex, den das Kind, wie schon beschrieben, als 'Erlebnis/Klang'-Objekt bereits vorge-

---

[66] Wulfers, A., Er erklärt der künstlichen Intelligenz die Welt, FAS vom 15. 3,.2026, S. 24

burtlich erfahren kann, nicht zur Geltung bringen können. Der Schrägstrich, Slash, stellt die Wertigkeit dar: im einfachsten Fall das imaginäre kindliche Urvertrauen, in der Psychoanalyse die symbolisch gelungene Deutung, in der *Analytischen Psychokatharsis* die reale kathartische Berührtheit kurz vor oder inmitten des Auftretens eines *Pass-Wortes*.

So verhält es sich auch in den Bereichen, aus denen – rein vorbewusst – das unsichtbare Universum besteht, und warum es somit erlaubt ist, völlig andere Parameter für seine Erklärung zu verwenden. Davon und von der Problematik, den Anfang des Universums logisch zu bezeichnen, habe ich nun auf vielen der vorderen Seiten geschrieben. Doch einen Aspekt will ich noch behandeln, bevor ich dann dazu übergehe, was ich bereits dauernd erwähnt habe, nämlich die Übungen der *Analytischen Psychokatharsis* abschließend zu erörtern. Was ich noch behandeln will, betrifft die Tatsache, dass man den unsichtbaren Teil des Universums mit sogenannten Parallel- oder Multiuniversen zu definieren versucht hat, hauptsächlich, um der Schwierigkeit mit dem uferlos Bildhaften auszukommen.

Die von mir schon erwähnte amerikanische Astro-Physikerin L. Randall ging davon aus, dass wir nicht nur in einem Parallel-Universum, sondern sogar in einem Multiversum leben, schränkte aber ein, dass es zumindest zu dem uns bekannten noch wenigstens ein weiteres Universum geben müsste, das jedoch nicht weit von uns entfernt ist. Im Gegenteil, es ist – wie schon beim Vergleich von Sichtbarem und Unsichtbarem berichtet – nur 10^{-31} cm von uns getrennt, und das heißt wiederum, dass es fast mit dem unseren und jedem Einzelnen von uns fast völlig identisch ist.[67] Wir sind mit ihm – sozusagen noch jenseits der Quanten – praktisch verklebt, vereint und verschmolzen.

10^{-31} cm sind also eine so ungeheuer kleine Distanz, dass sie überhaupt nur schwer messbar und schon gar nicht mehr wahrnehmbar oder vorstellbar ist. Doch gerade diese enge Verbundenheit liefert den Physikern von heute die beste Möglichkeit, den Zusammenhang zwischen Quantenmechanik und Relativitätstheorie (die Quanten-Gravitation) wenigstens ein bisschen interpretieren zu können. Aber sie liefert auch Wasser für die Mühlen der Esoteriker, die nunmehr glauben, alle geheimnisvollen Kräfte, die dem Menschen direkt zugänglich seien – wie etwa Psychokinese – erklären zu können, weil man ja nur den kleinen Finger heben müsste, damit beide Universen in Bewegung geraten. Doch L. Randall widerspricht

---

[67] Randall, L., Verborgene Universen, Fischer Verlag (2008)

einem solchen Zusammenhang aufs Heftigste. Denn immerhin ist die kleinste Länge, der kleinste vorhandene und messbare Abstand, noch irrsinnig kleiner, nämlich 1,616 x 10^{-37} cm. Erst da passieren die noch ungeklärten Dinge.

Am 26. 3. 2026 gab es in 3sat den NANO-Talk mit dem Titel: Leben im Multiversum – Gibt es uns unendlich oft? Drei Fachleute (Philosoph, Physiker, Astronom) und die Moderatorin diskutierten mit fröhlicher Heftigkeit über diese Thematik, wobei sie so ein wenig nebenbei deren Fragwürdigkeit erwähnten, insgesamt jedoch das Multiversum für durchaus glaubhaft hielten. Vor allem mit der neuen Quantenfeldtheorie ließe sich geradezu beweisen, dass wir nur eine von Milliarden Möglichkeiten sind, auf einem Planeten wie der Erde zu leben, und damit eine Variation von uns selbst.

Erstaunlich war an diesem NANO-Talk jedoch, dass über Einzelheiten des Multiversums verzweifelt logisch argumentiert wurde und man diesbezüglich noch eifrig weiterforschen müsse, die Existenz aber eigentlich klar wäre. Ich hätte am liebsten in den Fernseher hineingerufen: „Hört doch mit dem Blödsinn auf! Ihr wollt doch nur von euren verdrängten ‚Mehrlust-Objekten' ablenken und tratscht wie Männer über erotische Phantasien!“ Zugegeben, auch Randall diskutiert etwas Ähnliches, aber nicht die These, dass es jeden von uns unendlich oft gibt und wie man damit umgehen müsse. Habt ihr denn kein Gefühl – so müsste man zu diesen NANO-Talk-Leuten sagen – für diese so intensive Nähe, Intimität und Berührtheit des unsichtbaren Universums, und dass es uns ganz persönlich angeht?!

Sie quasselten über tausend physikalische Phantasien, anstatt dass sie den ‚inner touch', die Berührtheit, das ‚Berührungs-Objekt' des unsichtbaren Universums gespürt und sich darüber in Freude besprochen hätten. Jetzt hätten wir doch endlich ein übergeordnetes Prinzip, dem man sich bewiesenermaßen anvertrauen kann und das man als hilfreich genießen kann: die extreme Nähe, die Berührtheit des unsichtbaren Universums! Die Religionen konnten davon noch nichts wissen, sie haben alles in einen so halb sichtbaren Himmel projiziert und nicht von einer hinter der Quantenwelt existierenden Verschmolzenheit durch ein unsichtbares Universum bzw. durch den unsichtbaren Teil des Gesamt-Universums gesprochen, wie es die Mehrheit der Astro-Wissenschaftler heute sieht.

„Das sichtbare und das unsichtbare Universum sind untrennbar miteinander verbunden: Das unsichtbare Universum bildet das kosmische Fundament, das die

Galaxien überhaupt erst formt und zusammenhält, während das sichtbare Universum der leuchtende, aber winzige Teil in diesem Netzwerk ist", schreibt Wikipedia, und in anderen wissenschaftlichen Internet-Artikeln finden sich ähnliche Informationen. Ich habe davon schon mehrmals berichtet und muss dies nicht weiter erörtern, denn diese Feststellung eines mit allem bis ins Innerste hineinverklebten unsichtbaren Universums gilt als bewiesen.

Es heißt, dass in beiden Universen gleiche physikalische Gesetze gelten, dass es eine gemeinsame Entstehung gibt, und dass sie beide zwar kausal getrennt sind, aber nicht unabhängig voneinander bestehen können. Mehr braucht es nun wirklich nicht, um zu vermitteln, dass uns eine Festigkeits-Gemeinschaft mit den beiden Universen – und besonders mit dem unsichtbaren – verbindet: ein Volumen, eine ‚Dicke', wie Lacan es nannte, die in dieser Form die Tatsache, dass das Universum eigentlich flach ist, in normale Verhältnisse rückt. Die ‚Dicke' hat speziell mit dem zu tun, was ich eben, wie etliche andere Psychoanalytiker auch, das ‚Berührungs-Objekt' bzw. die Berührtheit nenne. Wie erwähnt hat Lacan mit der ‚Dicke' das Sichdrücken bezeichnet, die sozial tolerierte und generell so wichtige Berührtheit.

Wie kann man denn nicht bemerken, dass ein derartiges Berührtheits-Verhältnis in jedem Menschen selbst eine Art unbewusster Liebesbeziehung ist?! Wenn es heißt, man ist innerlich eins, verklebt und verschmolzen mit dem unsichtbaren Teil des Universums, sind doch Ausdrücke einer Identität, ja Intimität und innigster Liaison, absolut angemessen und erlaubt. Ja, vielleicht sogar nur dafür angemessen und erlaubt, denn dass diese Beziehungs-Ausdrücke zwischen den Dingen und Lebewesen auf dieser Welt voll zutreffend sind, und dass dies sich insbesondere zwischen einem seelisch-geistigen Wesen, dem sich um die Wahrheit mühenden Menschen, und dem unsichtbaren Universum abspielt, ist höchst plausibel.

Prof. Ganteförs Informationsfeld öffnet diese Feststellung, deckt sie aber nicht völlig ab. Der Informator ist kein ‚Nominator', kein Namensgeber. Diese Behauptung, die ich hier aufstelle, hat noch niemand erwähnt und definitiv beschrieben. Man konnte sich keine Vorstellung, keinen Namen davon machen, aber das ist auch in der Psychoanalyse so. Zwischen Analytiker und Patient ereignet sich ein mit kleinen und seltenen Interpretationen versehenes Zuhör-Begegnung, das auf der Grundlage des Ödipuskomplexes basiert. Der Therapeut muss so lange zuhören, bis es zu einer Begegnung zwischen ihm als Übertragungsobjekt und dem Patienten als Übertragendem kommt. So hatte ich einmal eine 30-jährige Patientin, die ein miserables Verhältnis zu ihrer Mutter hatte, und ihr deswegen ihren eigenen Sohn, also das Enkelkind, jahrelang nicht zeigen wollte.

Die Mutter war besessen vom Wunsch nach einem Sohn. Der Vater wusste das, hat es aber nie kommuniziert, und als ihre Ehe auseinander ging, ließ dies die Geburt eines Sohnes nicht mehr zu. Schließlich besorgte sich die Mutter ein männliches Pflegekind, das auch nach der abgelaufenen Pflegezeit bei ihr blieb. Das Wesen ‚Sohn' war von a zu A geworden, das hell spiegelnde Objekt war zum bedeutungsvollen *Anderen* gelangt, eine unglückliche Konstellation, die die Mutter gegenüber der Tochter oft lieblos agieren ließ. Im emphatischen Zuhör-Begegnis der Behandlung konnte die Patientin sich an mir, als dem Vater-Therapeuten, dem ‚Nominator', die Einsicht erarbeiten, dass beide an einer ödipalen Struktur litten, an der überbordenden Mutter/Sohn- und an der mangelnden Vater/Tochter-Beziehung, die jetzt in der Übertragung nachgeholt werden konnte.

So muss nachgeholt werden, indem dem unsichtbaren Universum wie dem Unbewussten *Pass-Worte* entlockt werden, die durch die Übertragungssituation (Meditation mit *Formel-Worten*, die wie der Vater-Therapeut oder Namensgeber wirken) als ein Konstrukt von Innen/Außen hörbar werden. Zu dieser mangelnden Innen/Außen-Koinzidenz zitiere ich gerne den Theologen und Schriftsteller R. Scheule, der sich beruflich viel mit diesen Konflikten und auch mit dem Ende des Lebens beschäftigen musste, wie er in einem Interview sagte.[68] Das würde nicht heißen, dass er das Thema Tod souverän im Griff hätte, erklärte er. „Demnächst nicht mehr da zu sein, irritiert mich", sagte er. „Was irritiert Sie daran?" fragte der Interviewer. „Vielleicht das, was uns alle umtreibt. Der Kontrollverlust. Ich habe das Wort ‚Tod', kenne den Tod aber nicht von innen", war Scheules Fazit. Er wusste genau, dass man ihn nur von daher begreifen und bewältigen kann, von der Innen/Außen-Schau, vom ‚Nominator' des unsichtbaren Universums bzw. des Unbewussten her.

An die Innen/Außen-Koinzidenz, die auch den Rand des Todes ausmacht, gerät man oft im Leben, sei es durch Krankheit und Schicksalsschläge oder – gegensätzlich – durch Ekstase mittels Drogen, Paranoia und maßloser Aggressivität. „Doch es gibt", wie Lacan sagt, „im Sterben und auch in der Liebe immer irgendeine Wonne des Todes, eines Todes jedoch, den wir uns

---

[68] Scheule, R., Balbier, T., Der Gegenbegriff zum Tod ist nicht Leben, sondern Liebe, SZ vom 28.3.2024, S. R7

nicht selbst auferlegen können."[69] Es sind die Wonnen der Rückkehr zum scheinbaren seelischen Nullzustand. Dieses Sich-fallen-lassen in den Endzustand, dieses Genießen im Zustand totaler Zurückgezogenheit, bedeutet eben auch, dass man das ‚Letzte', ‚Höchste', ‚Tiefste' ursprünglicher Seelenkräfte, die Lacan bekanntlich nur einfach das ‚Ding', das urverdrängt Reale nennt, nicht selbst erzeugen und erzwingen kann. Es muss der Moment zustande kommen, wo Innen und Außen nicht so ganz klar zu unterscheiden sind

Lacan sagt ganz deutlich, dass die herkömmliche Wissenschaft bezüglich dieser ursprünglichsten seelischen Kräfte den Fehler macht, das ‚Ding' zwar zu setzen, aber nicht mit ihm zu rechnen.[70] Um mit dem ‚Ding', das ich auch in die Nähe der Berührtheit, des Berührungsobjekts, der Innen/Außen-Koinzidenz setzen kann, rechnen zu können, muss man etwas ihm Passendes zugesellen, eine algebraische Gleichung, eine Tautologie, eine ‚Verschränkung', die Verlautungen der Identität im *Pass-Wort*, die Sichtbarmachung in der Topologie und hundert andere mehr. Wenn Freud und Lacan die Liebe als hochsublimiertes

---

[69] Lacan, J., Die Übertragung, Seminar VIII, Sitzung vom 15.5.61, Übersetzung G. Schmitz.
[70] Lacan, J., Seminar VII, Quadriga (1996) S. 162

Begehren verstanden, dem sie den Grund-Charakter von etwas Sexuellem unterstellten, weil man damit die ursprünglichsten seelischen Kräfte erklären konnte, so könnte dieses ‚Ding' auch bestens für die Beziehung passen, die man in sich selbst (sichtbar) zu sich selbst (unsichtbar) unterhält.

Näheres, Engeres, ‚Dickeres', Berührungs-Intensiveres, kann es doch überhaupt nicht geben, und das wollten die Leute in NANO Talk generell nicht sehen! Sie haben – wie freilich viele andere in der heutigen Diskussion um die Universen auch – diesen amourösen, libidinösen, kommunikativen Aspekt einer ursprünglichen Art von Haut-zu-Haut-Berührung verleugnet, wie er auch im Ödipuskomplex verschoben, verdrängt und missgestaltet wird. Im Gegensatz zu meiner gerade oben erwähnten Patientin, die verdrängte, Tochter des Vaters, speziell des Vaters als solchem, als ‚Nominator', und nicht nur ihrer Mutter zu sein, verleugnet und verdrängt Ödipus ‚Sohn' zu sein. Er flüchtet vor der eigenen Familie, gerät aber dadurch erst recht in ihren Konfliktbereich.

Wie erwähnt, beschäftigte sich der Psychoanalytiker Otto Rank intensiv mit dieser Thematik.[71] Rank, der lange Zeit Freuds Vorzugsschüler war, erstellte im

[71] Zottl, A., Otto Rank, Das Lebenswerk eines Dissidenten der Psychoanalyse, Kindler (1982)

Laufe der Jahre ein anscheinend gegensätzliches Konzept zum Freud'schen Unbewussten und der damit verbundenen Sexualtheorie. Er war der Ansicht, dass die Grundregel, die Aufforderung des Therapeuten an den Patienten, frei zu assoziieren, also „alles zu sagen, was einem gerade einfällt", einen zu sehr überwältigenden Zwang beinhalte. Besser wäre die Aufforderung: „Sagen Sie, was Sie wollen", denn der Patient muss oft erst „lernen, wollen zu können", und wenn er das kann, sagt er wohl auch viel von dem, was ihm einfällt.

Auch auf den französischen Psychoanalytiker D. Anzieu bin ich eingegangen, der in einer an Lacan orientierten Weise versucht, den Bezug zum ‚Berührungs-Objekt' zu beschreiben, um es – nicht religiös, nicht sozial oder philosophisch, sondern wortwörtlich – in den ‚Griff', in die Hände zu bekommen.[72] Von beiden habe ich bereits erzählt, dass sie zeigten, nicht nur psychische Fixierungen an Zonen existieren, sondern auch bereits vorgeburtliche Berührungs-Erfahrungen, die wegen ihrer Unbestimmtheit, Vielschichtigkeit und Abhängigkeit von ihrer direkten Kommunizierbarkeit als umfassenderes ‚Objekt' einer Berührtheit gelten können.[73]

---

[72] Anzieu, D., Das Haut-Ich, Suhrkamp (1991) S. 203

[73] Rank, O., Das Trauma der Geburt, psycho-sozial Verlag (2007)

Ihrer Meinung nach gibt es eben auch noch ein zeitlich und topisch Vorgelagertes, das sogenannte Prä-Ödipale (das vor der Ödipussituation gelegene), in Form von Berührungs-Erfahrungen, die wegen der zum Teil schon vorgeburtlichen Entstehung keine Zone aufweisen. Wegen dieser Unbestimmtheit, Vielschichtigkeit und Abhängigkeit von ihrer direkten Kommunizierbarkeit, könnte das ‚Berührungs-Objekt' nur im engsten Beieinandersein – wie es ja zwischen Mutter und Kind der Fall ist – zu sinnvoller Wirkung kommen.

Doch wie bleibt es als psychisches ‚Berührungs-Objekt' dann noch in den nachkindlichen Phasen des Lebens erhalten, um einer direkten Kommunizierbarkeit weiterhin zu dienen, wie Rank und Anzieu es versuchten? Denn darum geht es natürlich: Das ganze Geschehen muss in eine wissenschaftlich begründete und sprachlich formulierbare Form gebracht werden. Doch da kamen die beiden, Rank und Anzieu, ein bisschen in Schwierigkeiten. Wie kann die Berührtheit allein so eine entscheidende Rolle einnehmen, wo sie gerade in der heutigen Zeit nur in der ganz privaten Beziehung eine bedeutende Wichtigkeit einnimmt? Wie kann man daraus eine generelle Wissenschaft machen, die für alle Zeiten Geltung haben müsste? Lacan griff zur Topologie. Er stellte das Unbewusste des Menschen als einen Torus dar, dessen Linien sich mit denen eines anderen Torus oder denen des Bo-Knotens topologisch einwandfrei verbinden ließen.

Bei Lacan geht es um den Torus, den Schlauchreifen, und zwar um zwei sich ineinander durchschlingende Tori, die die Dynamik der unbewusst psychischen Kräfte, aber auch der Natur und des Weltalls besonders gut ausdrücken. Das könnte sogar auch für astrophysikalische Vorstellungen genügen, wenn man grundlegende energetische Vorgänge in Form einer Topologie, einer projektiven Geometrie beschreiben will. Der theoretische Physiker G. Wolschin nimmt eigens dazu ausführlich Stellung.[74] Gerade die Auffassung des flachen Universums und viele weitere astrophysikalische Aspekte, lassen sich mit der Topologie des Torus erklären. Ich kann im Rahmen dieses Buches nicht alles Diesbezügliche darstellen, aber es besteht kein Zweifel, dass sich damit das Wesen des Menschen, insbesondere sein Unbewusstes, und genauso das Wesen des Universums, sichtbar und unsichtbar, darstellen lassen.

Oder ein anderer Vorschlag zur Berührtheit: Man übt die *Analytische Psychokatharsis*, bei deren erster Übung durch das Achten auf das *Strahlt* (den ‚Strahltpunkt‘) bei gleichzeitigen Wiederholen der *Formel-*

---

[74] Wolschin, G., Ist das Universum ein Torus? Spektrum der Wissenschaft, Januar (2009)

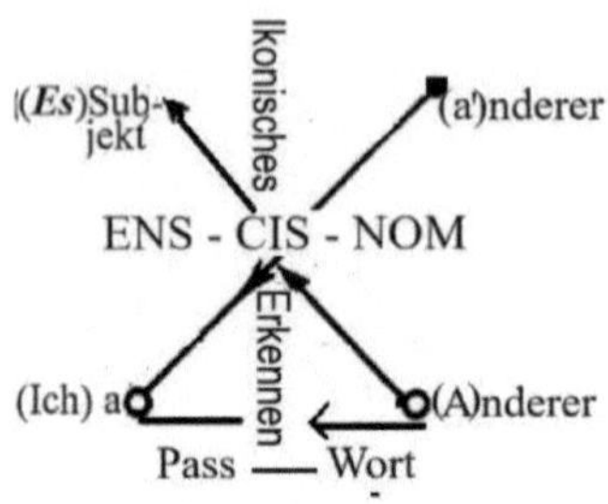

Worte es immer wieder dazu kommen kann, dass ein geringes visionäres, ikonisches, Erkennen auftritt, eine Sichtbarkeit, die im unbewussten *Strahlt* letztlich steckt. Dieses ikonische Erkennen, das früher von Mystikern als ihre Wahrheit ausgegeben wurde, wird durch die *Formel-Worte*, wie beispielsweise das E-N-S-C-I-S-N-O-M, für die nunmehr wahren, wissenschaftlich gesicherten *Pass-Worte* zurückgehalten, die eben durch diese Zurückhaltung – der A-taraxie der Stoiker vergleichbar – im Subjekt selbst zustande kommen. Die erneut abgeänderte Abbildung oben soll dies zeigen.

Dieses Sichtbarmachen hat mit dem nun künstlich ‚intelligenten Bildlichen' des unsichtbaren Universums zu tun, das der sprachlich geformten künstlichen Intelligenz gegenübersteht. Warum sollte man dies nicht so sagen können? Wie die sprachliche KI kann auch die bildliche KI derartiges bewirken, jedoch nur im Fake-Modus maschineller Methoden, die willkürliche Phantasien sind. Die in der *Analytischen Psychokatharsis* wahrzunehmenden Erscheinungen sind nur nebensächliche, aber doch wenigstens reale Phänomene, die vermitteln, dass sich im Unbewussten das bisher verkannt Gebliebene aufdecken lässt, wobei es nur Wirkung und Wahrheit besitzt, wenn es durch die *Formel-Worte* geleitet und mit den *Pass-Worten* sanktioniert worden ist, und so das Unsichtbare sich nicht nur ikonisch zeigt (blind *Strahlt*), sondern auch definierend *Spricht.*

Wie schon angedeutet, sind alle diese Erklärungen und Beschreibungen nicht, und schon gar nicht ikonische Erkenntnisse, für die Anwendung der *Analytischen Psychokatharsis* notwendig. Die ganze Theorie dient nur dem Beweisen und dem anschaulichen Machen des Verfahrens, denn es soll um eine Wissenschaft gehen und nicht um eine Mystik oder eine mythisch verbrämte Methode, und dafür ist eben der Rückgriff auf die Theorien und die Praktiken von Freud und Lacan und auf die Topologie von Vorteil. Vor allem dann, wenn die Topologie anschauliche Bilder bietet, die ein bisschen auch für den meditativen Teil der *Analytischen Psychokatharsis* hilfreich sind.

Und so ist es noch wesentlicher, sich dem ‚Berührungs-Objekt' selbst zu stellen und *Es* selbst auf sich einwirken zu lassen. Schon allein, wenn man sich für eine halbe Stunde hinsetzt und drei, vier *Formel-Worte* übt, wird man die Berührtheit spüren, die dieses coenästhetische Empfinden auslöst, das sich körperhaft wie ein Durchschauern, Durchprickeln anfühlt, ohne dass man deswegen ein zweites Ich, ein Haut-Ich, dafür verantwortlich machen muss. Man muss sich auch nicht weiß Gott wie ausgiebig mit dem Torus der Astrophysik beschäftigen, so interessant und spannend sich dies auch anhört.

Es handelt sich auch um das, was auch Mystiker seit Hunderten von Jahren immer schon als Verzückung, Katharsis, Befreiung beschrieben haben, doch es braucht dafür keine Mystik, sondern nur die Gewissheit des unsichtbaren Universums, das einen mit seiner Berührung von innen her umarmt – wenn man es zulässt. Ich mache da keinen großen Gedankensprung mehr, wenn ich es so inniglich definiere. Schon lange sprechen Mediziner und Psychologen von der Psychosomatik der Kribbel- und Druckgefühle, vom ungeklärten Pruritus, unklaren Kopfschmerzen, essentiellem Bluthochdruck und vielen anderen störenden Missempfindungen, die man eben „essentiell" (unabdingbar, notwendig) nennt, weil man ihre innere Ursache nicht kennt.

Aber was ist es wirklich? Nicht immer spürt man das eigentlich dahinterstehende Durchrieseln, Durchprickeln, das ich als typisch für die Katharsis der *Analytischen Pschokatharsis* beschrieben habe, oder das Durchschauern, das schon Goethe in seinem Faust als

„der Menschheit bestes Teil" bezeichnete.[75] Man merkte bisher nicht, dass man es als aus dem unsichtbaren Universum stammend erklären könnte. Man stellte den Zusammenhang nicht her, obwohl er doch so offensichtlich ist. Scheinbar wehrte man eine zu persönliche Nähe, ein zu menschliches, unbewusstes Phänomen, ein zu inniges Gepaartsein aus Betroffenheit ab. Die Wissenschaft wird es schon noch finden, sagt man dann. Ja, vielleicht findet sie auch noch ein paar kleine Bausteine zu dem, was mit dem Begriff essentiell natürlich nur verschleiert wird.[76]

Nicht viele andere Ergebnisse lassen sich auch umgekehrt belegen. Warum kann beispielsweise starke Bewegung eine positive Empfindung erzeugen, warum hat der Besuch der Sauna plus der folgenden massiven Abkühlung im einen ebensolchen Effekt? Und kann man nicht zu einem großen Teil die Wirkung der Musik damit erklärt werden, dass nicht nur emotionale Zentren darauf ansprechen, sondern auch das Unbewusste und unsichtbare Universum im Innersten? Nicht umsonst spielt der sogenannte ‚Terztorus' eine große Rolle, wobei ich freilich weiß, dass eine solche Bemerkung Gelächter auslösen kann.

[75] Goethe, W., Faust II, Vers 6272

[76] Wenn gelingen würde, die essentiellen Beschwerden als vom unsichtbaren Universum bedingt zu belegen, wäre die Quantengravitation bewiesen (diesmal nicht ganz so unsinnig).

Aber es geht ja nur um die Struktur, um das torische Strukturelle. Gegenüber Freud war auf jeden Fall Lacans Betonung des Torus ein deutlicher Fortschritt. Denn bei Freud sucht sich das Begehren ein Objekt, an und mit dem es sich befriedigen kann. Dagegen verbleibt es in den zwei Kreisbewegungen des Torus in einer differenzierteren und beständigeren Reaktion, die nicht nur befriedigend ist, sondern auch belohnend, wie ich schon im Vorwort erklärt habe. Auch die *Formel-Worte* haben diese Struktur, indem sie das *Spricht,* das Sprechbegehren, mit dem *Strahlt,* dem Schaubegehren konterkarieren, *Es* also in imaginäre Stücke zerlegen, aus denen *Es* sich wiederum ein neues Spricht ergibt, also das Verdrängte als *Pass-Wort* enthüllt.

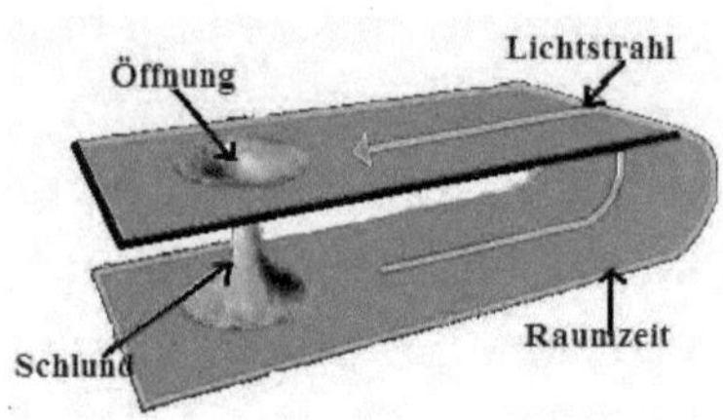

Mit einem letzten Beispiel will ich es nochmals kurz erörtern. Die Astrophysikerin L. Randall behauptet, dass es sehr vereinzelte enge Stellen im Universum gibt, die als Durchtunnelungen bezeichnet werden, an denen ein Durchgang von einem Teil des Universums in einen anderen möglich ist. Auch wenn das zweite Universum direkt in uns versteckt, ja bis zum Geht-nicht-mehr mit uns verklebt und zusammenhängend ist, gebe es keine Chance einer Verbindung außer nur den genannten Durchtunnelungen. Nach Einstein ist der Raum grundsätzlich in sich gekrümmt. Selbst Lichtstrahlen durchqueren ihn nicht so parallel, wie es die übliche Betrachtung zeigt, und so ist in der Abbildung auch zu sehen, wie das Licht der Krümmung der Raumzeit antiparallel folgt, während die Gravitonen, die Schwerkraftteilchen, direkt durch die ‚Wurmloch' genannte Tunnelung (Schlund) hindurch von der einen Welt zur zweiten, von dem einen Teil des Universums zum anderen Teil, oder vom primären zum Parallel-Universum gelangen können.

So muss die helle lange Linie des Elementar-Teilchen-Strahls über das äußere Universum verlaufen, wo sie nicht nur viel längere Zeit benötigt, sondern sich auch ganz anders verhält als die kurze gebogene, gekrümmte Linie der Gravitonen, die direkt durch das ‚Wurmloch' hindurch gelangen können. So sehr diese Tatsache der Durchtunnelung und auch diejenige Tatsache der 10^{-31} cm nahen Trennlinie faszinierend ist, muss man also darüber hinaus an andere Parameter denken als an die der Physik oder Astronomie. Die Durchtunnelung von weit auseinander liegenden und doch kaum unterscheidbaren Systemen existiert in vielen Bereichen, und bezogen auf die Psychoanalyse Lacans kann man sie insbesondere inmitten der Sprache und der dort beschriebenen Übertragungs-Vorgänge verfolgen. Die Übertragung beruht weniger auf

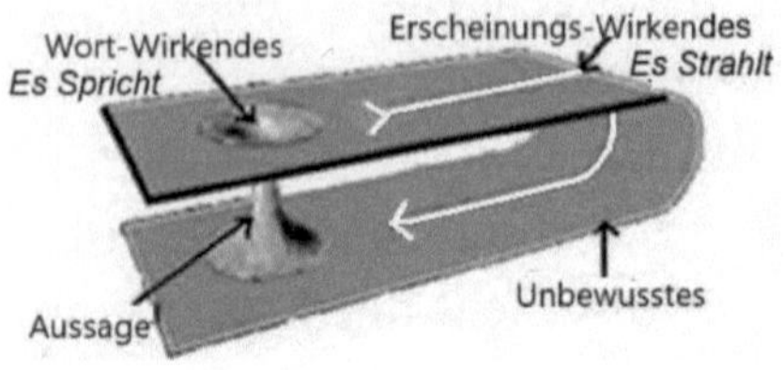

rein sprachlichen Formen, sondern auch auf vielschichtigsten Bedeutungen, die eben durch berührungs-, bildhafte, blickbezogene und andere vom Imaginären her bestimmte Art und Weise zu verstehen sind.

Man muss eben durch diesen Tunnel, durch die ‚défilés signifiantes', die Engführungen der Signifikanten, aber auch durch deren hypnotisierende Vorstellungen und Blicke – so Lacan – hindurch, wenn man die Berührtheit erfahren und dazu etwas darstellen und sagen will. Denn all das gelingt beim normalen und üblichen Sprechen und dem alltäglichen geblendeten Schauen nicht so gut. Man glaubt, geradlinig zu kommunizieren, dabei verlaufen die Signifikanten sich linear überkreuzend und fluid gekrümmt und verlieren sich die Blicke im weit gekrümmten Raum. So stelle ich noch einmal das astrophysikalische Bild, umgewandelt in ein Bild der Sprach- und Blick-Vorgänge, für einen Vergleich beider Bereiche oben vor.

Was vorher der Lichtstrahl der Elementarteilchen war, ist jetzt das Erscheinungs-Wirkende, das *Es Strahlt,* das Imaginär-Reale aus dem Feld des unbewussten Begehrens. Das unbewusste Wort-Wirkende, das *Es Spricht,* das Symbolisch-Reale, wird dagegen durch den direkten Tunnel der défilés der Signifikanten dargestellt. Man sieht, dass das Wort-Wirkende, das Lacan auch das ‚Sich-Hören-Machende' nennt, durch den unbewussten Tunnel schneller und direkter hindurchkommt. Es hat beim Menschen eine scheinbare Dominanz angenommen, dennoch wird durch die fluiden, in sich differenten Signifikanten eine effektvolle Kommunikation nicht immer ausreichend hergestellt.

Das ‚Sich-Sehen-Machende', die Blick-Sucht des uferlosen *Es Strahlt,* kann nur breit gefächert und vielschichtig, von seiner Quelle bis zu seinem Ziel vordringen, aber durch seine Vielschichtigkeit, durch die Mehr-Bedeutungsform und Uferlosigkeit des typisch Imaginären nur langsam vorankommen. Das *Es Strahlt* und *Spricht* sind sich gegenseitig Parallelen, aber ihre Linien überkreuzen sich auch, vor allem im Unbewussten und Unsichtbaren des Menschen. In der *Analytischen Psychokatharsis* wird nun in der ersten Übung auf das Imaginäre, das *Strahlt,* geachtet, bis es zur Katharsis, zur Berührtheit, kommt, die nun das *Spricht* in den Übungsvorgang einbezieht und so im *Strahlt/Spricht*-Komplex das *Pass-Wort* frei werden lässt.

Der Schrägstrich im *Strahlt/Spricht*, stellt das Reale dar, den Eigennamen, den ich bereits als den innigen Namen des Unbewussten und Unsichtbaren erwähnte, denn Liebe, sagt Lacan, „gibt es nur zu einem Namen“, und umgekehrt muss es ein Name sein, der aus der Identität kommt, in der man sich anerkennen kann und anerkannt wird. Ich habe diesen Bezug schon bei dem Begriff einer von der Liebe getragenen Wissenschaft herausgestellt. Fazit: Man muss das unsichtbare Universum in all den Namen lieben, die man in den verschiedensten Disziplinen darüber hört, um mit ihm umgehen und es begreifen zu können, und um eine wahre Identität zu haben.

Man muss – fast sollte man es so sagen – sich selbst lieben, nicht in egoistischer oder narzisstischer Form, sondern in einer vom Unbewussten und unsichtbaren Universum, ja in einer vom Anfang her sanktionierten Weise. Die Psychoanalytikerin M. Mitscherlich hat dies in ihrem letzten Buch mit dem Titel ‚Eine Liebe zu sich selbst, die glücklich macht‘ deutlich vermittelt.[77] Gemeint ist keine egomanische Selbstliebe, keine Eigenverliebtheit, überhaupt nichts übertrieben Amouröses, sondern eine Liebe zu dem vielleicht

---

[77] Mitscherlich, M., Eine Liebe zu sich selbst, die glücklich macht, S. Fischer (2013)

nie erreichbaren unbewussten *Anderen* in einem selbst, den ich ebenfalls wieder mit dem unsichtbaren Universum gleichsetzen kann. Bei Mitscherlich ging es um eine Liebe in ihrer Arbeit mit ihren Patienten, die sie bis zum Lebensende aufrecht erhielt, sodass sie glauben konnte, über die letzten Dinge durchaus im Sinne einer Selbstliebe gesprochen zu haben.

Jedenfalls hat dies der Humanist und Philosoph Michel de Montaigne noch weitergeführt, indem er meinte, dass es gut ist, die Menschen und die Dinge ernsthaft zu lieben, „aber vermählen sollte man sich nur mit sich selbst"![78] Vielleicht geht dies etwas zu weit, wenn es auch ganz in dem Sinne gemeint war, in dem das unsichtbare Universum im Menschen zu einer gemeinsamen Einheit verschmolzen ist. Genau das ist auch wirkliche Selbstsublimierung, die auch für das ‚Ding' gilt oder für den unbewusst *Anderen* als eine Art der Selbstliebe, der Vereinigung, des vollen Bei-sich-Seins. Im Übrigen soll Montaigne ziemlich misogyn gewesen sein, geheiratet hat er aber trotzdem.

Durch diese Selbstvereinigung findet also eine Bereicherung statt, die gehalten wird durch die Wiederholung der *Formel-Worte*, sodass man in dieser Heirat

[78] Schultz, U., Montaigne, Rowohlt (1989) S. 31-37

mit sich selbst sicher geleitet auch durch den Mangel hindurchgehen kann, den die kalte Astrophysik oder die unwissenschaftlichen Seelenbeschwörungen in einem hinterlassen. Warum nicht doch einfach die Berührtheit, den dezenten Autoeros, an diese Stelle setzen, die von den unbewussten Bildern und Empfindungen des Unbewussten und unsichtbaren Universums kommen, und den Namen hören, in dem man – besser als vermählt – bestätigt ist, anerkannt, ausgewählt? So kann doch gerade sichtbar und spürbar gemacht werden, was durch die besondere, positive, kreative Wiederholung der *Formel-Worte* zur Wirkung kommt.

Denn im Gegensatz zum, aber auch im Zusammenhang mit dem Freudschen Wiederholungszwang, beschreibt die Psychoanalytikerin A. Bitsch, dass „die schlechte Wiederholung [die bei Freud den ‚Todestrieb' ausmacht, da man unbewusst nur stupiden, tautologischen Wiederholungen folgt] sich stets auf eine ‚Washeit', also auf ein Objekt oder eine Idee bezieht, auf einen mit sich identischen Begriff, während die gute Wiederholung das Subjekt selbst als ein Medium, als die Operationalisierung von Ur und Sache bis hin zur wahren Ursache führt", die das unsichtbare Universum ist.[79]

---

[79] Bitsch, A., Diskrete Gespenster, transkript (2011) S. 121

Solch eine starke Zuwendung gibt es bei den klassischen, herkömmlichen Psychoanalytikern nicht, denn sie würde in den Bereich des nicht psychisch Repräsentierbaren führen, ins *unverständlich Vorgestellte bzw.* in die Vorstellungsrepräsentanz. Aber in der *Analytischen Psychokatharsis* kann man es nutzen. Denn – wie gesagt – verhindert insbesondere das gedankliche Wiederholen der nichtssagenden *Formel-Worte*, dass man am Uferlosen des *Es Strahlt* hängenbleiben kann, sondern dass nur das rein Luzide, der ‚Strahltpunkt' oder das Berührende, das einen angeht, sich einstellt, und diese Einstellung bis zum Höhepunkt, zur Kulmination, des *Es Strahlt,* des *Es Berührt* im Erfahren der Katharsis beibehält. Ist die Katharsis ausreichend stark, kann es direkt zum Wechsel vom *Es Strahlt* zur zweiten Übung, der des Wort-Wirkenden, des *Es Spricht*, kommen, das im Namen der Liebe die Verdrängung verrät.

Und so gibt es eben nicht nur ein Lacansches „Çà parle dans l'inconscient", sondern auch ein „Çà parle dans l'invisible", ein *Es Spricht* im Unsichtbaren. Ist es nicht automatisch so, dass es – nach langem Aufenthalt in völliger Dunkelheit und Stille – unwillkürlich zu sprechen anfängt, um sich im Bereich des Tons „hörbar zu machen"? Könnte nicht gerade solch eine Verlautung als Deutung zu verstehen sein? Es erinnert mich an das Phänomen, das der Wissenschaftsjournalist S.

Schramm zutreffend den „Klang des Nichts" taufte.[80] Dieser Autor berichtete über Experimente eines Akustik-Technikers, in dessen absolut schalldichtem und auch schallschluckendem Raum man schon nach kurzer Zeit alle möglichen Töne und Laute wahrnimmt, ohne dass wirklich etwas Diesbezügliches oder von außen her Gemachtes geschieht.

Was immer auch in dem unsichtbaren und völlig ungeklärten Teil des Universums passiert, es wird sich also nicht nur um etwas handeln, das man kaum astrophysikalisch erklären kann, und das man eher als den Höhepunkt, die Kulmination, des *Es Strahlt*, das dann im gleichen Moment mit einem *Es Spricht* verschmilzt, verstehen kann. So habe ich auch Prof. Ganteför verstanden, aber er sagt es nicht ausdrücklich, dass das Informationsfeld sprechen, vorbewusst sprechen kann. Ich will hier nicht auf die unzähligen Traktate eingehen, die das Gehirn zum Zentralorgan für alle psychischen Vorgänge einschließlich der Triebkräfte und des *Strahlt/Spricht* Komplexes machen wollen, eine Richtung auch des Diskurses von Prof. Ganteför.

Weder der Anfang noch das Gehirn, weder die Mystik noch die klassische, herkömmliche Psychoanalyse und auch keine Wissenschaft außer derjenigen v o m

---

[80] Schramm, S., Der Klang des Nichts, SZ vom 7. 11. 2016, S. R7

Subjekt, die der Liebe unterstellt ist, stehen im Zentrum. Mir genügt es, die ‚Lautrhythmik' des Symbolischen, des *Es Spricht* zusammen mit der ‚ultrasubjektiven Ausstrahlung' des *Es Strahlt* eng zu kombinieren, um zu dem elementarst möglichen Anfang in der Berührtheit zu kommen, wenn ich es so sagen darf.

Dabei geht es um so etwas Ähnliches wie beim ‚luziden Traum', nämlich um ein halbbewusstes Agieren, vorbewusstes Denken oder, ‚gekonntes' Phantasieren, all das, was Esoteriker tun, aber auch christliche Mystiker getan haben. Ich hatte selbst eine Phase, in der ich einige luzide Träume hatte, und deshalb weiß ich, wovon ich rede. Sie entstanden aus dem normalen Traum heraus, in dem ich spürte, dass ich das Traumgeschehen leicht ändern konnte und stets den Gedanken hatte, ich sei jetzt wieder in diesem mir bekannten ‚Zustand', in dem ich über phantastische Landschaften fliegen konnte, und mich dann fragte, ob es nicht der Sinn sei, über die Welt ganz hinauszukommen.

Doch jedes Mal holte mich die Angst ein, ich könnte wie Ikarus der Sonne zu nahekommen, da keine Richtung von ihr weg zu erkennen war. Doch aufgewacht bemerkte ich den Unsinn, dass ich doch friedlich im Bett lag und keine Angst vor der Sonne haben musste. Man bewegt sich beim luziden Traum im Vorbewussten, also nicht mehr ganz unbewusst wie im Traum, aber eben nicht kritisch wachbewusst und schon gar nicht in reifer Wahrheits-Bewusstheit. Im Gegenteil, es steckt vielleicht ein bisschen Größenwahn dahinter, wenn man plötzlich Phantasien wie real erlebt.

Im luziden Traum wird auch besonders deutlich, was Lacan mit dem ‚ultrasubjektiven *Strahlt*', der Berührtheit, die einen angeht oder anblickt, meint, weil es aus der Oszillation, aus den Schillern von Blicken und Angeblickt-Werden her stammt, wenn diese auf das vorbewusste *Spricht* trifft. Dieses Luzide bezieht auch das *Es Spricht* ein, und zwar speziell in der Mischung, in der es am Höhepunkt der Katharsis, der Berührtheit zur Erfahrung, zum Hören eines ‚sprachlichen Automatismus' kommt, wie Lacan dies nennt, und es in den Vorgängen, die dazu „drängen, sich erkennen zu geben", also in einem *Pass-Wort* verständlich werden.[81] Lacan hatte diesen Automatismus, diese ‚Lautrhythmik', wie ich sie schon erwähnte, aus alternierenden Gruppenverteilungen (+++ oder ---, +-+ oder -+-, sodann ++- , --+, -++, +--) weiter Ketten formiert, so dass eine dem Symbolischen entsprechende Systematik des *Spricht* entstand.

---

[81] Lacan, J., Seminar IX, Die Identifizierung, 7. Vortrag.

Das Gleiche – jetzt wieder theoretisch ausgedrückt – existiert auch auf der Seite des *Es Strahlt* in Form der sogenannten ‚Identifizierungsmodi', die zu keiner wirklichen Identität führen, und das *Es Strahlt* – wie wenig auch immer, aber gestärkt von dem, das einen angeht, anblickt – immer von einem *Es Spricht* gestützt werden muss. Eine konkrete, enge, vollständige *Strahlt/Spricht* Kombination ist nicht so einfach zu erreichen, schon gar nicht in bewusstheitlicher Form. Erst wenn diese Kombination gelungen und vollständig ist, wird die Berührtheit vollkommen, sodass man überhaupt konkret etwas darüber sagen und schreiben kann.

Es braucht also ein Instrument, in dem die zu fluide Kombination des *Es Strahlt/Spricht* durch etwas rein Formales und gleichzeitig Effektives zu einem Schlüsselelement werden lässt, die im Angerührtsein, im ‚Berührungs-Objekt', eine Eindeutigkeit hervorbringt, wie man in der Mathematik sagt. Genau dies liefern die direkt nichtssagenden *Formel-Worte*, wenn *Es* durch sie zudem auf eine kathartische Höhe gebracht wird, die eine starke, intensive Gewissheit erzeugt, die dort in das vom Unbewussten, vom unsichtbaren Universum her gesicherte Wissen der *Pass-Worte* umschlägt. In der klassischen Psychoanalyse wird keine solch hohe Katharsis erreicht, sie gilt dort als Übertragungsneurose.

Genau in diesem Sinne des Umschlagens in etwas Sprachliches kann man argumentieren, dass das unsichtbare Universum auch vorbewusst zu sprechen vermag, was auch Prof. Ganteför bezüglich seines Informationsfeldes so beschreibt. Auch Lacan nennt das vorbewusste Sprechen einen Vorgang innerhalb der Sprachmauer, also ein vordergründiges, nicht voll wahrheitsbewusstes Sprechen, das auch in der Natur vorkommt. Das unsichtbare Universum ersetzt keine Psychoanalyse, aber wenn es in der *Analytischen Psychokatharsis* gezielt geweckt wird, wirkt es in den *Pass-Worten* auch psychoanalytisch. Der Komplex des *Strahlt/Spricht* ist gelungen kombiniert, freilich je nach erreichtem Level, Reifung und Ziel.

Damit möchte ich nochmals vermitteln, dass man alles, was ich schreibe, gar nicht als bare Münze nehmen muss. Wie Lacan kann ich sagen, dass alles zu verstehen nicht so wichtig ist. Es genügt, wenn man wenigstens spürt, dass etwas dran ist. Wichtig ist allein, von den *Formel-Worten* überzeugt zu sein, also von ihrem sprachlich/gegensprachlichen Aufbau, der das Schlüsselelement des Verfahrens der *Analytischen Psychokatharsis* ist. Allein damit wird man in die Lage versetzt, als Subjekt an dieser Wissenschaft teilzunehmen, die sich in einer ersten Übung auf die Analyse des Unbewussten bzw. des unsichtbaren Universums stützt, um dann in einer zweiten Übung mittels der *Pass-Worte* zu einer Synthese, zu einem Reifungsergebnis, zu einer seelischen Klarheit und Erkenntnis oder wie man es auch immer nennen will, zu kommen.

8. Weisheit ist das Wissen ums Genießen

Wenn ich immer wieder von der Wahrheit als Ursache gesprochen habe, muss ich jetzt nachholen, inwiefern es Berufung ist, sich dafür einzusetzen. Was sollte es für einen Sinn haben, durch die *Analytische Psychokatharsis* die im Unbewussten und Unsichtbaren gefundene Wahrheit nur für sich zu entdecken und zu behalten? Soll es eine psychologische Hilfe darstellen, dann doch auch für all die gesellschaftlichen, politischen, umweltbezogenen und ideologischen Probleme der Menschheit von heute. Es ist keine Frage, dass das einundzwanzigste Jahrhundert äußerst problematisch ist und weiter sein wird, weil man dies bereits in seinem ersten Viertel erkennen kann.

Dazu gehören vor allem die massiven Umweltschäden, die ich nur zum Teil aufgeführt habe, die aber in dem ungeheuren Plastikmüll, in den zunehmend problematischen Pestiziden (Glyphosat) und speziell in dem erst in den letzten Jahren bekanntgewordenen Giftskandal mit PFAS gipfeln. Bezüglich dieser polyfluorierten Alkylantien, der sogenannten Ewigkeits-Chemikalien, hat die Investigativ-Journalistin Mariah Blake beschrieben, wie die Hersteller von Waren, die PFAS enthalten, deren Folgen zu vertuschen versuchen und welche erheblichen Erkrankungen – vorwiegend Krebs – ganz offensichtlich damit verbunden sind. „Die American Water Works Association schätzt, dass es 370 Milliarden Dollar kosten würde, die PFAS aus dem US-Trinkwasser zu entfernen".[82]

Der Kulturwissenschaftler und Medienphilosoph R. Simanowski sieht die Problematik der Umweltzerstörung genauso klar wie die der KI.[83] Er zitiert J. Andrulis, CEO des deutschen KI-Unternehmens Aleph Alpha, der Mitte 2023 die Entwicklung von Sprachmodellen mit den düsteren Worten kommentierte: „Wir bestimmen die Inhalte nicht mehr. Unsere Werte, unsere Ziele, unsere demokratisch-freiheitlichen Vorstellungen werden wir nicht in diesen Systemen wiederfinden. Es ist jetzt schon so, dass wir als Nutzer der Technologie aus den USA kaum noch Einfluss darauf haben, wie sie ausgestaltet ist."

Ich denke, Menschen, die sich einer Selbstanalyse unterziehen, wären die besten Protagonisten im Kampf um Umweltschutz und Technokratie, denn sie sind in besonderer Weise dafür sensibilisiert. Sie sind berufen dazu, den Menschen das *Strahlt/Spricht* des unsichtbaren Universums zu bringen, um von da aus auch all die anderen Klima- und Umweltschäden, die ich schon erwähnt habe, kritisch und aktiv anzu-

---

[82] Wikipedia über PFAS

[83] Simanowski, R., Sprachmaschinen, eine Philosophie der künstlichen Intelligenz, C. H. Beck-Verlag (2025)

gehen. Dazu passt, dass ich nochmals eine Version des Anfangs vermitteln möchte, eine letzte Version, die die vorangegangenen nochmals unterstützen kann. Ich will nochmals deutlich machen, warum es doch eine Psychoanalyse des Universums gibt, die die Stütze einer Selbstpraxis ist.

Dass Liebe mit ihm Spiel ist, wenn man sich mit dem unsichtbaren Universum in einem selbst kurzschließt, lässt sich auch in anderer Weise vermitteln, als ich es bisher getan habe. Wenn man in der ersten Übung der *Analytischen Psychokatharsis* darauf achtet, was sich vom *Es Strahlt* vor einem meditativ entfaltet, wird dieses *Es* – wie mehrmals erwähnt – von den ständig wiederholten *Formel-Worten* gebannt und gehalten, sodass man gesichert und beruhigt zur Katharsis aufsteigen kann. Das griechische Wort καθαρός (katharos) bedeutet: rein, ungestört, echt. Die Katharsis war die befreiende Wirkung in der griechischen Tragödie, und so wurde sie auch von Freud für das Lösende aus dem Unbewussten in der Psychoanalyse verwendet. So ist sie selbst das beste Bindeglied zum unsichtbaren Universum, das ich als das über die Ödipussituation hinausgehende Unbewusste verstehe.

Der Mensch begreift schon das sichtbare Universum als etwas, das ihn von seinem Alltagsdasein, von seinem üblichen, täglichen, negativen Wiederholungsvorgang heraushebt und befreit, erst recht jedoch, wenn er durch den positiven Wiederholungsvorgang der *Formel-Worte* zur Katharsis geführt wird. Freilich kann man – solange man den Gedanken an das Wiederholen der *Formel-Worte* nicht ganz verloren hat – vom Aufsteigevorgang auch einmal ein wenig abbiegen und sich einmal kurz in das hineinwagen, was es zu sehen und zu spüren gibt, indem es ein wenig über den luziden Traum hinausgeht. Ich habe mir in dieser Halbtrance der ersten Übung selbst einmal das Meer vorgestellt und es nicht nur gesehen, sondern auch in seiner Berührtheit erfahren: phantastisch, überwältigend! Die Katharsis hat auch eine Ähnlichkeit mit dem, was man früher eine Ekstase genannt hat.

Die inneren, von der Katharsis hochgespülten Bilder, Gefühle oder Empfindungen sind traumhafter, bezaubernder und farbig leuchtender als die äußeren, und so glitt ich über die blauen Wellen dahin und sah ein verlockendes Land vor mir auftauchen, wo verlockende Menschen wohnten – doch halt! Das war ja noch prekärer als die bewusst gemachten Phantasien, die man üblicherweise manchmal hat oder wie sie im Klartraum vorkommen. Ich wäre da wohl aus der Berührtheit meiner ‚Vision' nicht mehr zurückgekommen, wenn ich dort – im Zauberland – vergessen hätte, die *Formel-Worte* weiter zu reverberieren. Bewusst gesteuerte kathartische Erfahrungen lenken vom eigentlichen Ziel der selbsttherapeutischen Methode ab und können in die Irre führen. Trotzdem war es einmal interessant, zwischen Skylla und Charybdis zu den verführerischen Sirenen hinüberzutauchen, die diesmal einen nicht durch ihre Stimmen, sondern durch ihren wundervollen Anblick tödlich hätten verzaubern können.

Man sieht hier auch genau, was zu weit vorgefasste Gedanken, positivistische Sprüche oder mystische Mantren bewirken: Wenn man sich im Kathartischen dessen Beflügelungsgeist zu weit hingibt, werden sie zu ‚Ideologien' oder Halluzinationen. Aus diesem Grund habe ich empfohlen, die *Analytische Psychokatharsis* behutsam anzuwenden und in der Katharsis nur auf das Luzide des ‚Strahltpunktes' zu achten, der den Mittelpunkt jeder topologischen Figur einnimmt – und sodann auf die zweite Übung mit dem Nach-innen-Hören auf den ‚Ton', auf das *Es Spricht* überzugehen (was manchmal auch spontan geschieht). Nur so gesichert kann man ins unsichtbare Universum gelangen, aus dem man ja auch wieder zurückkommen sollte, wenn ein *Pass-Wort* geholfen hat, wieder ein bisschen reifer geworden zu sein.

Ich habe die gleiche Übung wie mit dem Meer in tiefer Meditation auch einmal mit einem schönen Berg gemacht: Auch dieser, wieder betörend herrlich, hoch gewölbt, grandios, ein phantastischer Blick über ein ganzes Gebirge – doch hoppla, war das nicht Freuds Phallus, die mächtige, aufgerichtete phallische Turgeszenz, der Ödipus zwar bei der Sphinx noch ausgewichen, aber bei Iokaste, der eigenen Mutter, ins Unglück gefallen ist? Die Psychoanalytiker haben schon recht, wenn sie den Schwerpunkt auf das Sprechen legen, und darauf achten, was der Patient alles sagt, auch wenn ein hoher Prozentsatz von dessen Äußerungen Müll ist, Schrott. Aber es macht nichts, ein paar Prozent genügen, wenn sie zur – aus dem Unbewussten kommenden – Wahrheit führen.

Das Bildhafte, die Strahlungslust, das ‚Visionäre', ist in seiner Berührtheit zwar verführerisch, köstlich, genussvoll, aber wie es in allen Märchen und Mythen heißt: manchmal auch gefährlich! Zu berührende Blicke können süchtig machen. Doch man muss den Unterschied zwischen Strahlungs- bzw. Schaulust und dem wahren Genießen kennen, wenn man das sonst unsichtbare Universum verstehen will. Lacan eröffnete im XXI. Seminar, das zu denen gehört, die seine jährlichen Seminar-Vorträge abschlossen, eine andere Deutungsmöglichkeit dieser Vorgänge, dieses noch völlig unbekannten luziden Kräftezustandes des unsichtbaren Universums. Er berief sich wieder auf das *Es Strahlt*, das einen angeht, anblickt. Der Psychoanalyse bleibe nämlich hinsichtlich dieses Strahlens nur ein Ausweg, meinte Lacan, und zwar im Phänomen des sogenannten ‚Irrlichts', das aus dem unsichtbaren Teil des Universums kommen kann.

Schließlich ist die Liebe allein, das allzu Positive, gar zu Erotische, zu Romantisierende nicht die wahre Berührtheit. „Der Psychoanalytiker," meinte Lacan demzufolge zu seinen Zuhörern, „ist selbst wie ein ‚Irrlicht', das im Gegensatz zu den Sternen steht, von denen alles heruntergekommen ist, was Sie belastet . . . Der einzige Vorteil, den ich an diesem Irrlicht finde, ist, dass es nicht ‚fiat lux' macht: Das Irrlicht erleuchtet nichts," so Lacan, und weiter: „Es kommt sogar gewöhnlich aus irgendeiner Pestilenz hervor. Doch das ist seine Stärke".[84] Und genau um diese Stärke, um diese eigentliche Liebe geht es, die nicht von etwas 'Spirituellem', ästhetisch Verbrämtem, Schwärmerischem, Mythischem, Esoterischem ausgeht, in dem oft das Wort Liebe vereinnahmt wird, ohne dass sie distinguiert, ‚detached' (gelöst, respektvoll) fungiert, wie es der Philosoph, Klinische Psychologe und Romanautor Gregorio Kohon beschrieb.[85]

Auch im unsichtbaren Universum findet sich nur eine ‚detached love', wo es ebenfalls ‚irrlichtert', nämlich

---

[84] Lacan, J., Seminar XXI, Vortrag vom 23.4.74

[85] Kohon, G., Love in a time of madness. In Green & Kohon: Love and its vicissitudes, Routledge (2005) S. 41 – 100.

zwischen Physik, Astronomie, Philosophie, Psychoanalyse, und vielen anderen Disziplinen, weil man ja nicht weiß, für was das Unsichtbare genau zuständig ist. Es ist etwas, das liebesfähig ist, berührungsfähig, das nichts erleuchtet, aber zumindest in einem ‚Strahltpunkt' erhellt und sichtbar gemacht wird, was im unsichtbaren Universum eigentlich unsichtbar ist. Diese Problematik spiegelt sich am besten in der sogenannten Queerness der Menschen heutzutage wider, indem auch der heterosexuelle Mann queer ist, wenn er alle drei Jahre eine andere Frau braucht und noch zehn weitere im Kopf hat.

Aber er kann seine Queerness leichter normieren, als der heute voll tolerierte Trans- oder Homosexuelle, indem er nicht nur ins Sexuelle eingebunden ist, sondern auch ins Schöpferische, Zeugungsvorgängige, Menschheitserhaltende. Er muss sich nicht auf einen Autobus stellen und halbnackt durch die Straßen fahren, um seine Identität nicht nur sichtbar zu machen, sondern sie auch bestätigen und anerkennen zu lassen: auch vor sich selbst, obwohl die letztliche Bestätigung nur vom Unbewussten her kommen kann, wo es nicht darum geht, was man sich sexuell orientiert zu-*Spricht*, sondern was man ultrasubjektiv aus-*Strahlt*.

Ich muss mich so verwunschen ausdrücken, weil es ja im Endeffekt ums Genießen geht, dessen Struktur und Wesen wahrheitsgemäß zu wissen, Weisheit ist, und dazu hilft die sexuelle Orientierung nicht weiter. Der queere Heterosexuelle genießt nicht, er weiß nichts vom Wesen der ‚Jouissance', die mit der Katharsis zu tun hat, und den anderen Queeren geht es genauso, auch sie genießen nicht, sie haben nur Spaß. Auch in der ersten Übung der *Analytischen Psychokatharsis* geht es ums Genießen, indem das Luzide des *Es Strahlt* erscheint, beglückt und, wie erzählt, verführerisch betören kann. Doch als Irrlicht führt es nicht zu einer Schlaumeierei, zu einem Fazit, wie dies alle der oben gerade genannten Disziplinen tun, sondern zur zweiten Übung, wo es zu den entscheidenden *Pass-Worten* kommt. Worte wie das ‚Irrlicht' des Blicks und die ‚Engführung' der Signifikanten, sagen schon alles.

Es ist kein leichter Vorgang, sich in einer Psychoanalyse da hindurch zu quälen. „Halten Sie gut fest," sagt Lacan daher, „dass gar bevor ein Objekt im erotischen Sinne des Ausdrucks geliebt wird – in dem Sinne, in dem der Eros des geliebten Objekts als Bedürfnis wahrgenommen werden kann –, die Setzung des Anspruchs als solcher bereits den Horizont des Anspruchs auf Liebe erschafft."[86] Mit anderen Worten:

[86] Lacan, J., Seminar V, Verlag Turia-Kant (2006) S. 503

Liebe ist nie ganz frei vom Hunger – vom Hunger nach ihr selbst, denn sie ist auch das erste Wort. Stets steckt ein unbewusster Anspruch, Liebesanspruch, hinter diesem ersten *Es Spricht* und hinter diesem *Es Strahlt*, hinter dieser Strahlungslust, die einen alles genussvoll sehen lassen würde, es sei denn, man mäßigt sich oder weiß um den Zusammenhang mit dem letztlich Realen.

Diesbezüglich hilft keine andere Psychotherapie, keine Verhaltenstherapie, kein suggestives Verfahren. Ich stelle dazu noch ein letztes Mal den Bo-Knoten mit zusätzlichen Veränderungen auf der nächsten Seite vor, worin mit FW und PW die *Formel*- und *Pass-Worte* gemeint sind. Mit dem kleinen **a** der ‚Mehrlust-Objekte', das in der Mitte thront, und dem JA links mittig, das die ‚Jouissance' des *Anderen* bezeichnet, ist die Abbildung des Bo-Knotens freilich recht groß und erschreckend umfangreich geworden. Doch das meiste ist ja schon bekannt. Neu ist nur Ergänzendes im Inneren.

Das Real-Imaginäre ist von mir in der allerersten Abbildung des Bo-Knotens und auch jetzt wieder als das *Es Strahlt* gekennzeichnet. Es war auch in der zweiten Abbildung mit Zusatzbezeichnungen versehen worden. Körper und Leben als das ‚Körpergenießen' mit

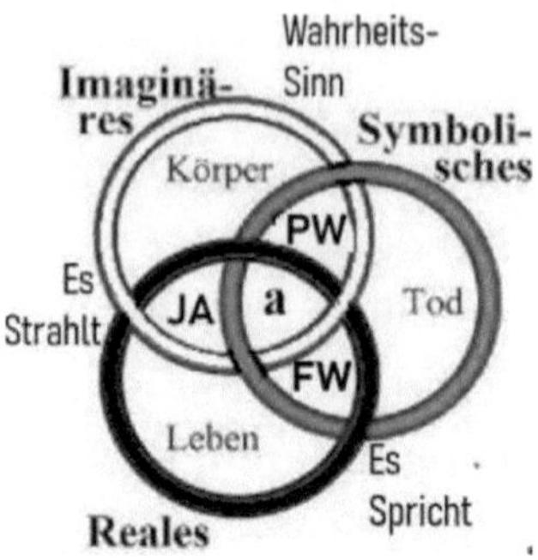

der Krönung in der ‚Jouissance des *Anderen*' (JA) im gleichen Bereich – das könnte man als Anfang gelten lassen, den ich mit dem unsichtbaren Teil des Universums verbunden habe, während der Tod im ständig misslingenden Symbolischen steckt. Jetzt findet sich auch noch Weiteres an entscheidenden Stellen eingetragen, nämlich das *Pass-Wort* (PW) zutreffend dort, wo es den Wahrheitssinn zwischen dem Symbolischen und Imaginären ausgibt, während das *Formel-Wort* (FW) die Synthese zwischen dem Symbolischen und Realen darstellt. Auch das ist zutreffend, denn es handelt sich um das wirkungsvolle Wortgebilde, das nichts sagt, aber am intensivsten das sich zwischen Leben und Tod hindurchwindende *Es Spricht* verkörpert.

Denn es regt diesen *Spricht*-Komplex im Unbewussten an, während der *Strahlt*-Komplex mit der Betonung des Genießens, der ‚Jouissance', nicht nur den Anfang des Universums ausmacht (erster Urknall) sondern auch etwas mit der Weisheit zu tun hat. Die Weisheit, „la sagesse", ist es nämlich, die – wie gerade oben gesagt – das Wissen vom Genießen und der Berührtheit darstellt, (la sagesse c'est le savoir de la ‚jouissance').[87] Das ist der Gipfel des Ganzen, bezüglich dessen Botschaft ich mit den *Pass-* und *Formel-Worten* und der kathartischen Berührtheit, nur den Anfang liefern kann. Klar, ich befinde mich auch im sichtbaren Universum, wo alles so logisch und angepasst verstanden werden kann, ohne dass man dies alles vollkommen begreift. Dazu braucht es eben den anderen und irrsinnig viel größeren Teil des Unsichtbaren, des Jenseitigen, des *Anderen* als das Wesentliche dieses Uni-(Eins-)Versums (gedrehten). Da ist die Eins wieder, nun aber am rechten Platz.

Es ist der Platz, an dem das Genießen als solches, das ich gegenüber dem ‚Plaisir', der Lust, mit Lacans Bezeichnung der ‚Jouissance', charakterisiert habe, die entscheidende Rolle spielt. Früher habe ich mir einmal gedacht, dass Gott reines Genießen ist. Er genießt einfach, er ist Genuss des Ganzen. Das ist der Anfang und keiner weiß und begreift es. Aber man könnte auch sagen, dass es das unsichtbare Universum ist, das das Genießen per se verkörpert, weil darin auch die Wahrheit des Anfangs liegt, die zudem diese innige Verbindung mit sich selbst als *Anderem* im Unbewussten darstellt. Die Wahrheit als Ursache ist ja verborgen, und wie sollte man sie anders enthüllen, als aus dem Unsichtbaren/Unbewussten heraus, zu dem

[87] Lacan. J., Seminaire XIX, seuil (2011) S. 169

nur jeder Einzelne als Subjekt einen Zugang hat? Es kann doch nicht eine Gruppe sich perfekt zugleich und subjektbezogen im Genuss sonnen, der eine Wahrheit als Ursache hat. Und es kann auch kein Psychoanalytiker tun.

Er hat zwar die Freudsche Lehre und eventuell auch die von Lacan, nach denen er die sexuelle Motivation der Grundkräfte (des *Es Strahlt* und des *Es Spricht*) mit seinem Patienten herausarbeiten muss. Aber den erweiterten Zugang zu dem Nicht-Repräsentierten, zu dem Unverständlichen in der Vorstellungsrepräsentanz, muss er durch frei entwickelte Konstruktionen überbrücken. So etwas ist dem Einzelnen vorbehalten, wenn er die Analytische Psychokatharsis ausübt. Es ist auch dem Einzelnen überlassen, wenn er Gott als eine religiöse Größe versteht, die ihm die Arbeit abnimmt.

Ich verstehe Gott als eine imaginäre Größe, die im Rahmen der Uferlosigkeit des imaginär Unbewussten nur mit fanatischem Glauben zu halten ist, wie es ja auch heute noch in allen Religionen mit fatalen Folgen passiert. Man kann ihn auch als ein theologisches Zentrum begreifen. All das ist jedem überlassen, doch in diesem Buch bin ich von der entscheidenden Logik, von der Philosophie K. Viewegs und der Psychoanalyse J. Lacans ausgegangen, der sie eine Wissenschaft v o m Subjekt genannt hat. Das ermöglicht es, Menschen aller Konfessionen gleichermaßen anzusprechen und sie zu einer wissenschaftlichen Diskussion einzuladen.

Die Generationen vor über hundert Jahren konnten nicht wissen, dass es ein unsichtbares Universum gibt, das sich – wie schon oben angedeutet – viel besser eignet, das Jenseits zu erklären. Der Philosoph M. Foucault sah das Jenseits „im Diesseits unserer Sätze" verankert, indem er wie Lacan die extreme Andersartigkeit der Sprache betonte, in der man sich so verlieren kann, dass man sich ganz woanders, also jenseitig, zu Hause fühlt. Lacan vertiefte diese Thematik noch und stellte die Behauptung auf, dass man das Jenseits nur durch zwei Tode im Diesseits erreichen würde, nämlich durch den endgültigen Tod, und durch den, den man sozusagen schon vorher in Form von Krankheit, Verzweiflung, Selbstentfremdung und anderen Grausamkeiten gestorben ist. Denn dann ist ein Jenseits nicht mehr notwendig.

9. Anhang zum Verständnis der Praxis

Erste Übung. Das Verfahren ist, wie betont, von seiner praktischen Seite her sehr einfach. Man sitzt in bequemer Haltung (anfänglich mit geschlossenen Augen) und wiederholt in der ersten Übung rein gedanklich, langsam hintereinander zwei, drei oder bis zu fünf *Formel-Worte*,[88] während man gleichzeitig darauf achtet, ob im Inneren vor einem etwas auftaucht, das den Charakter eines ‚*Strahlt*-Punktes', eines *Es Strahlt* (des Erscheinungs-Wirkenden) hat. Es kann einem wie Licht vorkommen, hat aber mit dem physischen Licht nichts zu tun. Es kann sich vielmehr um eine Erhellung, Körperbildwahrnehmung, ein Schimmern, eine ‚Luzidität' oder irgendetwas Ähnliches handeln, dem eben solch ein Phänomen zukommt. Lacan spricht diesbezüglich auch von einer ursprünglichsten ‚Phosphoreszenz'.

Dabei bezieht sich Lacan ganz klar auf etwas Gegebenes, etwas, was dem sogenannten Primärprozess des Triebs, der Vorstellungsrepräsentanz, zugehörig ist. So kann es sich auch als ein körperhaftes Durchschau-

---

[88] Weitere *Formel-Worte* sind in anderen Veröffentlichungen oder auch auf der hinten angegebenen Webseite zu finden. Vorerst genügen die hier im Text und Anhang erwähnten drei. Mehr als fünf sollte man in nicht verwenden.

ern (Goethe), ‚Durchrieseln' ereignen. Diese Erfahrung verdeutlicht am stärksten das, was ich, aber auch schon die Autoren der Antike, als Katharsis bezeichnet haben. Wie im Text gesagt sind Furcht, Angst als Form des Erscheinungs-Wirkenden, und Mitgefühl als Form des Wort-Wirkenden zwei Grundkräfte, die in der Katharsis zusammengeführt werden. In der Antike verwendete man dafür die Tragödien des Sophokles und anderer Autoren, heute ist es die *Analytische Psychokatharsis.*

Bei ihr kommt es – aufgrund der sich erhebenden Katharsis – spontan, anfänglich aber oft erst in einer zweiten Übung (siehe später) durch Konzentration auf ein Nach-Innen-Hören zu einer Antwort (*Pass-Wort*) auf diese erste Übung. Das Erscheinungs-Wirkende, das *Es Strahlt,* ist also nicht etwas, das man selbst imaginieren, erzeugen oder gar erzwingen muss. Es ist in jedem Menschen als Primärform eines im Hintergrund wirkenden Kräftegeschehens vorhanden und muss so nur geweckt oder erwartet werden. Genauso kann aber auch ein ‚Durchrieseln' zu spüren sein oder die Empfindung auftauchen, wie das eigene Körperbild sich verschiebt, sich weitet oder es einfach nur als schwarze Farbe, Fleck vor den geschlossenen

Augen festzustellen ist.[89] Egal was auch immer ‚gesehen' oder erfahren wird, es wird den Charakter von einem auch nur ganz geringen *Es Strahlt,* Scheint, ‚*Strahlt*-Punkt' haben, und das genügt zuerst einmal.

Man muss nicht einen Kurs besuchen, um diese Erfahrung zu haben, die ja authentisch als Aspekt des Wahrnehmungs-, Blick- oder Schautriebs in jedem Menschen vorhanden ist. Man kann die Übungen rein nach ausreichender Information durch den Text des Buches oder durch die kostenfreien Broschüren aus dem Internet und der hier formulierten Praxisbeschreibung selbst durchführen.[90] Während also anfänglich durch die Achtung auf das *Strahlt*-Phänomen bereits eine leichte Entspannung eingetreten ist, wird diese durch die gleichzeitig gedanklich wiederholten *Formel-Worte* vertieft. Es ist verständlich, dass durch

---

[89] Ich erwähne nochmals, dass die Erfahrung des ‚Durchrieselns' etwas mit atavistischen Gefühlsreaktionen zu tun hat, also z. B. mit einem den Rücken herunterrieselnden Schauer bei einer ergreifenden Musik oder bei den tiefgehenden Emotionen der Frühmenschen, die noch viel mit ihrer unbedeckten Haut gefühlt, ertastet und umweltbezogen kommuniziert haben. In der *Analytischen Psychokatharsis* wird diese Erfahrung jedoch als Bestätigung einer Erkenntnis genutzt, z. B. bei den *Pass-Worten*.

[90] Texte wie ‚Die körperlich kranke Seele I' und/oder ‚Psychoanalyse/Meditation' können unter >analytic-psychocathar-sis.com< kostenfrei heruntergeladen werden. Ein Kontakt zum Autor kann unter g.vonhummel@web.de nachgefragt werden.

das monotone, rein geistige Wiederholen dieser Formulierungen das *Strahlt*-Phänomen weiter begünstigt wird, was wiederum die Wiederholungsarbeit fördert. Beides, innerliches Wahrnehmen und rein mentales Wiederholen der *Formel-Worte* schaukeln sich so zur intensiven Katharsis auf.

Hier erweist sich die Praxis als Beleg für die im Text gemachte theoretische Feststellung, dass Sprachliches, das nichts direkt sagt, eine viel stärkere meditative Wirkung hat, als das gedankliche Wiederholen von Begriffen, Gebeten oder eindeutigen Aussagen, an denen man bewusst hängen bleibt und nicht die Tiefe oder Höhe des Unbewussten erreicht. Luther soll vor seinem Tod unruhig und nervös mit Gebeten gerungen haben. Mit einem *Formel-Wort* – hätte er gewusst, was das ist und wie es funktioniert – wäre dies nicht notwendig gewesen. Denn wer spricht denn diese irrationalen, jenseitigen, zerhackten Formulierungen, man selbst oder bereits der Tod, das Ich oder der *Andere*? Ein E N S C I S N O M oder I S N O M E N S, egal von wo aus man es liest, sagt nichts von dem, was es weiß, aber es hat trotzdem Sprachgewebe, nicht Syntax, sondern noch davorliegendes Signifikantes, Algorithmisches.

Mit dem Schwung der Katharsis kommt (wie erwähnt manchmal schon unmittelbar) der wichtige Effekt zustande, dass der B(r)uchstabenmix der *Formel-Worte* durch die ‚défilés du signifiant' (die Engführungen des Signifikanten) hindurchgetrieben wird und die *Pass-Worte* erzeugt.[91] Nur dieses durch den ‚*Strahlt*-Punkt' Erhellte und durch die Katharsis körperhaft Spürbar-Gemachte und so aus dem Inneren Gehörte, sind die wahren *Pass-Worte*. Nur sie sind die aus dem Drang des ins Unbewusste Verdrängten entstehenden *Verlautungen*, die mit der Wahrheit des Unbewussten zu tun haben und ins Vorbewusste und schließlich durch die weitere Deutung ins Bewusste gelangen.

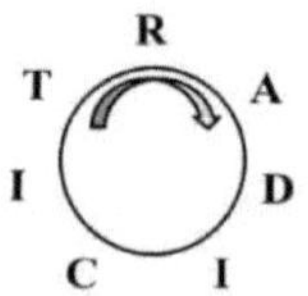

Vieles andere, das man ebenfalls hören kann, ist bedeutungslos und muss verworfen werden. Es genügt also nicht nur, dass die *Formel-Worte* rein formale Ausdrücke sind, die es in der üblichen Sprache so nicht gibt und die somit rein sprachlich das Unbewusste wecken. Es muss die Entspannung, die Katharsis, stark genug sein, um das Gehörte effektvoll zu

---

[91] Oudee Dünkelsbühler, U., Zeugnis und Schrift: B(r)uchstaben an der Couch, Les Etats Généraux de la Psychanalyse (2001), worin der Autor die elementarsten Schnitt- und Bruchstellen im psychoanalytischen Prozess meint, wie sie sich im Traum, bei Versprechern aber auch bei den *Formel-Worten* als Bedeutung haben.

machen. Das auch hier oben nebenan abgebildete RADIC-IT kein normales Wort aus dem Lateinischen, aber es beinhaltet mehrere sich überschneidende Bedeutungen in einer Formulierung. *Es* ist „linguistisch kristallin“ aufgebaut. Aber die *Pass-Worte* sind nicht unbedingt „linguistisch kristallin“, sondern vor allem wahr.

Außer dem „radiat“ und „dicit“ (*Strahlt* und *Spricht*) ergeben sich im Kreis geschrieben und von verschiedenen Buchstaben aus gelesen mehrere unterschiedliche Bedeutungen. So können wir hier z. B. auch „adi cit r“ (geh heran, es bewegt R) „C i tradi“ (hundert I übergeben), „citra di“ (diesseits die Götter), „dicit ra“ (es sagt ra), „r adic it“ (füge r hinzu, es geht), „radi cit“ (gekratzt werden, es bewegt sich), „trad ici“ (erzähle, ich habe getroffen) etc. herauslesen, wobei vieles recht unsinnig klingt. Dies hat jedoch für den formalen Ausdruck keinerlei Bedeutung. Ausschlaggebend ist hier nur, die wissenschaftliche Begründung (mehrere Bedeutungen in einer Formulierung, Verwendung mehrerer Schnittstellen) klar darlegen zu können, und dies ist für das Verfahren sehr wichtig, weil man nur so volles Vertrauen in die Methode haben kann. Vertrauen in einen Therapeuten allein genügt nicht, es muss durch klares Wissen gestützt sein.

Nochmals also: Es ist in bequemer Sitzhaltung und anfänglich bei geschlossenen oder halb geöffneten Augen ohne eigene Anstrengungen auf das *Strahlt* (‚Scheint', ‚Durchrieselt', ‚Luzidität', ‚*Strahlt*-Punkt') zu achten, während gleichzeitig langsam, monoton und rein gedanklich ein oder mehrere *Formel-Worte* hintereinander in Abständen und immer wieder neu wiederholt werden. Dies ist die erste Übung, die auf tatsächlichen Vorgaben der Psychoanalyse beruht, weil durch das mentale Reverberieren eine Regression (ein innerlicher Rückzug zu früheren psychischen Strukturen) erzeugt wird, die sich gleichzeitig nur auf einen eingeengten Aspekt des Erscheinungs-Wirkenden, bzw. des Schautriebs konzentriert und durch die *Formel-Worte* stabil gehalten wird.

Die *Formel-Wort*-Wiederholung setzt sich nämlich an die Stelle dessen, was man in der Psychoanalyse den Wiederholungszwang, das unbewusste Wiederholen, nennt. Dieses negative, unbewusste Wiederholen wird zumindest so lange aufgehoben, wie die Übungen der *Analytischen Psychokatharsis* wirken. Ich habe schon im Haupttext angedeutet, dass dadurch eine wesentliche Hürde der klassischen Psychoanalyse vereinfacht und vermindert wird, da der Wiederholungszwang ein tief verankerter seelischer Abwehrmechanismus ist. Durch den Wiederholungsvorgang beim Üben der *Formel-Worte* wird dieses Geschehen jedoch in einen konstruktiven, progressiven Vorgang umgewandelt. Gefühle eines sich stark weitenden Raumes, das Auftauchen von Erinnerungsbildern führen manchmal zu Ablenkungen, die aber einer weiteren Betrachtung nicht wert sind, sondern von denen nur deren Luzidität oder das ‚Durchrieseln' genossen werden kann, die sich in der Horizontalen ausbreiten, und die wichtig für das Erstellen der *Pass-Worte* sind.

Der Philosoph P. Sloterdijk sprach diesbezüglich von ‚Sphären',[92] die wieder an Lacans Topologien und ebenso dessen Sphäre erinnern, ein Begriff, mit dem er das Erscheinungs-Wirkende beschrieb.[93] Doch Sloterdijks Sphären kennen die Senkrechte nicht. Wenn es zu einer Katharsis kommt, zu einer Befreiungserfahrung und stärkeren Loslösung vom Körper, gerät man oft von selbst in die zweite Übung, in der man einen Ton, Klang, eine Silbe oder einen Kurzsatz von rechts oben im Kopf und wie von ferne her hörend wahrnimmt, was ich sogleich extra besprechen will. Kommt es nur zu einer simplen Entspannung, muss man – zum Beispiel nach zwanzig Minuten – einfach so in die zweite Übung von sich aus wechseln und sich auf den inneren Ton konzentrieren.

---

[92] Sloterdijk, P., Sphären I – III, Suhrkamp (1998 bis 2004)
[93] Lacan, J., Seminar IX, Lektion von 23. 5. 1962

Nach dem R-A-D-I-C-I-T kann nun (weiterhin in der ersten Übung) auch O-R-S-A-C-E-R-A-M hinzugenommen werden, um dem Verfahren für einen ersten Versuch drei *Formel-Worte* zur Verfügung zu stellen. Im *Formel-Wort* stecken folgende Bedeutungen: C eram orsa (hundertfach war ich Beginnen), amo R sacer (ich liebe das heilige R), cera morsa (das zerstückelte Wachs), mors acer (der Tod ist bitter), amor sacer (die Liebe ist heilig) usw. Wie betont, kann man diese Bedeutungen gleich wieder vergessen. Wichtig ist nur zu verstehen, wie die *Formel-Worte* aufgebaut sind, sodass man wissenschaftlich-intellektuell das Verfahren jederzeit hinterfragen kann. Kommen irgendwelche Gefühle oder Ideen hoch, die unpassend sind oder Angst machen, kann man nachdenken oder sich weiter über das Verfahren belesen. Blinder Glaube ist nicht gefragt.[94]

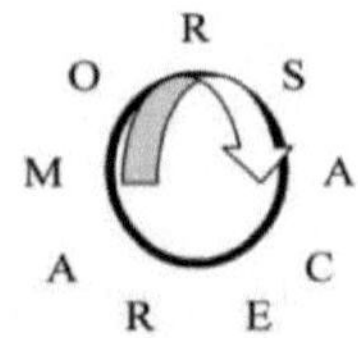

Und ein letztes, schon im Haupttext erwähntes *Formel-Wort* will ich hier noch anfügen. Denn zum Üben sollte man drei bis fünf derartige Formulierungen verwenden, und damit sind wenigstens vier von ihnen in diesem Buch aufgeführt. Es handelt sich bei diesem

---

[94] Damit sind in diesem Buch drei *Formel-Worte* vermittelt, die zum Üben genügen. Eine Verbesserung kann man mit zwei weiteren zusätzlichen *Formel-Worten* erreichen, die auf der Webseite analytic-psychocatharsis.com angegeben sind.

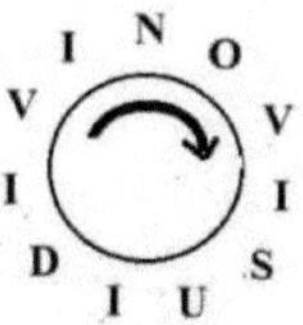

letzten *Formel-Wort* um das hier im Kreis geschriebene NOVI-SUI-DIVI. Es besteht in den folgenden, einzelnen, sich überlappenden Formulierungen:

NOVI SUI DIVI	ich habe die Erkenntnis seines Gottes
DIVINO VI SUI .	ich prophezeie mit der Macht der Seinen
VINO VISU IDI ..	mit dem Wein, mit dem Anblick der Iden
IVI NOVI SU ID	ich bin gekommen, nähe es modern
SUI DIVINO VI	ich habe genäht mit göttlicher Kraft

Wieder sind sie etwas seltsam, doch es kommt nur darauf an, dass man sicher sein kann, was genau man meditiert, nämlich sich überlappende Formulierungen, die man auch in einer anderen Sprache hätte erstellen können. Man hätte auch einen Zufallsgenerator einschalten können, der einem völlig zufällig zusammengestellte Buchstaben geliefert hätte. Doch wie arbeitet ein Zufallsgenerator? Kann man sich wirklich sicher sein, dass die so erstellten Formulierungen, wenn sie dem Unbewussten angeboten werden, nicht vielleicht doch gerade einen unsinnigen, negativen, störenden Effekt auslösen? Denn die Buchstaben allein sind keine Sprache.

Wie im Text geschrieben, sollte auf die zweite Übung übergegangen werden, wenn die Erfahrung des *Es Strahlt* und der Katharsis genügend ausgeprägt ist, es sei denn, es ist schon – wie erwähnt – von selbst ein Übergang erfolgt. Gerade dieser spontane Übergang zeigt, dass es außer dem grundlegenden Dualismus des Erscheinungs-Blick- und Wort-Wirkenden nichts gibt, das Geltung hat, d. h., man kann in den Übungen nicht verloren gehen, da die *Formel-Worte* – solange man ihnen folgt – keinen anderen Ausweg zulassen. Mit dem zündenden kathartischen *Es Strahlt* gelingt im Unbewussten stets konkret der Wechsel (durch die ‚défilés du signifiant' hindurch) von der mehr bildhaften auf die mehr wortbezogene Seite.

Das ist dann ein genau umgekehrter Vorgang wie in der Psychoanalyse, wo von der Wortbezogenheit ausgegangen wird, um zur psychoanalytisch sonst so schwer fassbaren, nicht repräsentierten Bild-Blick-Bezogenheit zu kommen. Auf das wortbezogene *Es Spricht*, auf diese Körper-Echos, also auf ein von oben/rechts im Kopf herkommendes Verlauten, auf einen ‚Ton' aus dem tiefen Inneren, muss man sich konzentrieren. Allein schon der ‚Ton' errichtet einen Halt in der Vertikalen. Sloterdijk schrieb nur von der

‚Vertikalspannung', über die er sich fast etwas lustig machte, weil er nichts damit anzufangen wusste, weil sie ihm mythisch vorkam und er nur die Sozialhorizontale kennt.[95]

Doch es gibt diese Vertikale tatsächlich, sie entspricht einer Lotung, Haltung, Festigung, in einer unverrückbaren Zeit, die ich bereits mit der Geschlechterfolge beschrieben habe (drei, vier Generationen genügen, aber noch deutlicher wird die Senkrechte durch die zigtausend Jahre alte Sprache). Dagegen steht die Horizontale mehr für die übliche, fortschreitende Zeit, die mal langsamer (in der Langeweile) und mal schneller (in der Kurzweil) verlaufen kann. Auch Lacan beschreibt diese Zeitmetren. Das in der Horizontalen verlaufende bezieht er auf die Spiegelungserfahrungen, auf das i(a), Bild des Begehrens-Objekts, während das Zeitmetrum in der Vertikalen das der Signifikanten, das *des Es Spricht* ist, wie ich es mit dem A des *Anderen* bereits erwähnt habe. Deswegen kommen auch die *Pass-Worte* von oben, während die Katharsis, das atavistische ‚Durchrieseln' sich im Nacken-Rücken-Bereich oder ganzkörperlich abspielt.[96]

---

[90] Sloterdijk, P., Du musst dein Leben ändern, Suhrkamp (2009)

[96] Atavistisch deswegen, weil es sich oft auch durch ein tief bewegendes Musikstück auslösen lässt, und nicht durch gelehrsame Worte.

Es sind schließlich Buchstaben, besser noch (B(r)uchstaben), die aus diesem ‚typographischen' Raum herausklingen und die das Unbewusste dort gespeichert hält. Und genau in diesen Raum sind die *Formel-Worte* eingedrungen und haben diese Buchstaben geweckt und evoziert. Auch hier gilt wieder das Gleiche: Es handelt sich um einen ganz originären Aspekt des Entäußerungs- bzw. Sprechtriebes, der in jedem Menschen als Primärprozess vorhanden ist und im Unbewussten sogar die Form ganz knapper, kompakter „innerer Sätze", „ultrareduzierter Phrasen" annimmt (alles Begriffe Lacans für diese lautliche Erfahrung). Auch hier können anfänglich nur ein feines Rauschen, ein ferner Laut oder Ähnliches wahrgenommen werden. Der Übende wird jedoch von Anfang an bemerken, dass es sich hier um eine Konzentration auf ein mehr oben-rechts oder oben-zentral im Kopf befindliches Hör-Sprech-System handelt, zu dem die ‚Echos des Körpers' Beziehung haben, auf die hier zurückgegriffen wird.[97]

Ich bin im Text vielfach darauf eingegangen, zu welchen mehr analytischen und damit auch weniger kathartischen Effekten diese zweite Übung führt. Es

---

[97] Auch wenn das eigentliche Hör-Sprechsystem im Kopf linksseitig angelegt ist, ist eben rechtsseitig das mehr rudimentäre, musikalische, das prosodische und der Regression besser zugängliche Hör-Sprechsystem vorhanden.

bleibt nicht beim einfachen Hören und Erfahren von inneren Lautphänomenen, sondern geht von Buchstabenfolgen bis hin zu kurzen Sätzen. Solche – von Lacan auch als „ultrareduzierte Phrasen" beschriebenen – Kurzsätze nenne ich *Pass-Worte*, Identitätsworte, weil sie, direkt aus dem Unbewussten kommend, natürlich mit der Identität des Übenden zu tun haben, mit dem „unmittelbar vorgefundenen Gegebenen", mit der Identität in dem Sinne, dass nunmehr speziell Verdrängtes, psychisch Abgespaltenes zur Wirkung kommt, so wie es im Freud'schen Versprecher auch der Fall ist. Dort tendiert ein verdrängtes Wort nach vorn und zwängt sich in ein bewusst ausgesprochenes Wort hinein – die typische Funktion des in der Psychoanalyse im Zentrum stehenden Begehrens.

Während man aber beim Versprecher und auch beim Traum versuchen muss, das verdrängte Wort durch Deutung herauszufinden, ist es im *Pass-Wort* gleich mit enthalten. Eine gewisse deutende Einordnung ins bewusste psychische Leben ist oft zudem nötig. Beispiele von *Pass-Worten* habe ich im Text geschildert. Jeder muss hier selbst ausprobieren, was er als *Pass-Wort* anerkennen kann. Manchmal ist es nämlich so, dass man erst fast im Nachhinein, in der Endphase der *Pass-Wort*-Erfahrung, des Phrase-Hörens, den Kurzsatz wahrnimmt. Manchmal scheint es ein sehr, sehr leiser Gedanke zu sein, der aber dennoch klar ist. Ich muss mich hier so diffus ausdrücken, trotzdem besteht an dem Phänomen kein Zweifel, und zwar sowohl von der psychoanalytischen Theorie her als auch von den zahlreichen Erfahrungen, die ich bisher sammeln konnte.

Ich weise nochmals darauf hin, dass nur ein am Höhepunkt der Katharsis wahrgenommenes Wort den Charakter eines *Pass-Wortes* hat. Gleichzeitig betone ich, dass beim Deuten der *Pass-Worte* – falls diese nicht von vornherein eindeutig sind – in zwei Richtungen geprüft werden kann: Hat es etwas mit dem Kausalen eines verdrängten Begehrens zu tun oder mit dem Finalen von etwas Kreativem? Oft gilt beides gleichermaßen, wie ich an den Beispielen im Text gezeigt habe. Ganz unverständliche *Pass-Worte* sollte man jedoch gleich verwerfen. Stets kann man bei jemandem, der Erfahrung mit der Methode hat, bei mir (siehe letzte Seiten) oder einem entsprechenden Therapeuten nachfragen oder nachlesen, wie man mit den *Pass-Worten* am besten umgeht.

Nochmals also: Nach der ersten Übung, dem gedanklichen Wiederholen mehrerer *Formel-Worte,* und bei gleichzeitigem Darauf-Achten, ob man ein *Strahlt*, eine Luzidität, ein ‚Durchrieseln', eine befreiende, kathartische Erfahrung, wahrnimmt, geht man – falls man nicht bereits spontan eine *Pass-Wort*-Erfahrung gemacht hat, evtl. nach zwanzig Minuten – zur zweiten Übung über. Hierbei konzentriert man sich auf den Laut, den Ton, das *Spricht* von oben oder rechts innenher. Bemerkt man, dass der *Strahlt*-Anteil beim Üben zu stark ausfällt, wechselt man zur *Spricht*-Übung und umgekehrt. Beide Übungen sind beliebig lange durchzuführen. Wie gesagt, genügen meist zweimal zwanzig Minuten. Der Wechsel von praktischer Erfahrung und theoretischem Denken ist wichtig, weil am Ende etwas Gemeinsames herauskommen wird: eine gedankliche Selbsterfahrung, eine praktische Logik, eine kathartische Analyse. Letztendlich finden beide Übungen zu einem inneren ‚Auftrag', einer Gewissheit, evtl. auch am Verfahren selbst weiter mitwirken zu können.

Nicht immer läuft alles glatt. Die erste Übung ist noch am einfachsten. Beim Wahrnehmen einer Luzidität trotz geschlossener Augen genügt schon allein das Darauf-Achten bei gleichzeitigem Wiederholen der *Formel-Worte*, dass sich über kurz oder lang eine ausreichende Katharsis einstellt. Schwierigkeit machen kann eher die zweite Übung oder auch das spontane Auftreten der Erfahrung des inneren ‚Tons', des inneren Hörens sein, das aus einem unbewussten Gedanken, einem *Pass-Wort* bestehen kann, wobei ich nochmals betonen muss, dass bereits das mentale Wiederholen der *Formel-Worte* ein unbewusstes Gespräch ist. Denn wer spricht in diesen Momenten, wenn nicht die Formulierung selbst, die automatisch aus der mangelnden Syntax heraus zu einer eben ganzheitlichen syntaktisch-semantischen Formulierung führt, zum *Pass-Wort*.

Und so geht es um eine Wissenschaft, an der jeder teilnehmen kann. Schon Freud hatte sich dafür ausgesprochen, dass die Psychoanalyse auch von Laien erlernt und ausgeübt werden kann. Das Übergewicht von Akademikern, insbesondere von Ärzten, hat diese Anregungen des eigenen Gründervaters Freud nicht ernst genommen. Universitäre, scholastische Strebungen beherrschen daher von Anfang an die Psychoanalyse, die ja auch für die *Analytische Psychokatharsis* wichtig ist. Aber hier behindert nicht ein System von Klüngel-Vereinen und hierarchisch gestaffelten Organisationen den persönlichen Fortschritt. Wie Lacan, der seine eigene Organisation am Ende seines Lebens aufgelöst hat, damit nichts zu stark Institutionelles Vorrang vor freier Mitarbeit gewinnt, habe ich bisher hinsichtlich der *Analytischen Psychokatharsis* auch gleich gar keine Organisation gegründet.

Ich hoffe, dass dies auch nicht nötig ist. Wer die *Analytische Psychokatharsis* ausgeübt und ihre Wirkung erfahren hat, weiß, womit er es zu tun hat und wie er es notfalls auch anderen vermitteln kann. Die Grundlagen sind in zahlreichen Büchern von mir, in psychoanalytischer Literatur und auch in soliden, wenn auch nicht wissenschaftlich korrekten, so doch seriösen Texten über die Anwendung von meditativen Verfahren beschrieben. Davon unbeachtet bleibt natürlich der Kern der *Analytischen Psychokatharsis* weisungsbestimmend.

Dieser Kern besteht vor allem – wie im Haupttext mehrmals betont – in der Verbindung des Erscheinungs- und Wort-Wirkenden in den zwei grundlegenden Übungen, wobei diese Verbindung nur gelingt, wenn man verstanden und erfahren hat, dass durch die Katharsis der ersten Übung die Kraft, die Höhe, die Intensität geschaffen wird, die in der zweiten Übung dazu führt, dass das Unbewusste die entsprechenden *Pass-Worte* freigibt. Etwas Derartiges existiert in der herkömmlichen Psychoanalyse und in allen Meditationsverfahren nicht. In der Psychoanalyse gelingt es deswegen nicht, weil die Psychoanalytiker eine Masse an gleichwertigen Ich-Idealen bilden, die die Patienten auch als ihr Ich-Ideal übernehmen, sodass man sich in gegenseitigen Übertragungen festsetzt, die ja eigentlich aufgelöst werden müssten.[98]

---

[98] Lacan, J., Seminar VIII, Passagen Verlag (2008) S. 407

In den herkömmlichen Meditationen findet ein ähnlicher Vorgang statt: Der Lehrer, Guru, wird sofort durch einen Nachfolger ersetzt, so wie die Kirche es mit dem Papst handhabt. Die Übertragung, die mit der Unterstellung einhergeht, dass der Lehrer, Meister, Guru hypothetische Fähigkeiten besitzt, wird nicht aufgelöst. Alle diese Persönlichkeiten in Psychoanalyse und Meditation müssen sich aus der Beziehung herauslösen, sich mit ihrem Ich-Ideal endgültig aus dem Spiel bringen, vor allem auch der betroffene Proband selbst – ganz analog dazu – muss die Übertragung auflösen. Doch innerhalb all dieser Communitys, ja fast Geheimbünde, gelingt dies nicht zur Genüge, und in Religion, Meditation und ähnlichen Verfahren wird darauf überhaupt nicht geachtet.

Der Einzelne ist gefragt, nur er kann, freilich mit zur Verfügung gestellten, wissenschaftlich rein f o r m a l e n Grundlagen, mittels der *Formel-Worte* die Übertragung bearbeiten und eine Lösung mittels der *Pass-Worte* erreichen. Ich halte das für die derzeit beste Möglichkeit, die Wissenschaft v o m Subjekt weiter voranzubringen, weil nur sie sich gegen die materialistische Naturwissenschaft stellen und die allseits gut gemeinten Argumente von Politikern, Philosophen, Sozialwissenschaftlern und Literaten überbieten kann. Auch wenn dies wie ein Kampf von David gegen Goliath aussieht, man muss es schon deshalb riskieren, weil man dabei auch selbst an Reife und Wahrheitserkenntnis gewinnt.

Denn diese ist notwendig, wenn man – was der Sinn dieses Buches war – in der heutigen Gesellschaft, Politik und staatlichen Verfassung verantwortungsvoll und demokratisch agieren will. Weder die Zugehörigkeit zu einer politischen Partei noch konstruktive Aussagen in Wort und Bild zu den für die Menschheit wichtigen Themen der heutigen Zeit erreichen diesbezüglich etwas Entscheidendes. Ohne Selbstanalyse des Einzelnen ist kein Erfolg möglich. Wie am Schluss des letzten Kapitels gesagt, wiederhole ich: Diese Einzelnen sind berufen, den Menschen das *Strahlt/Spricht* des unsichtbaren Universums zu bringen.

Literaturverzeichnis

Abrahamian, A., Schmutzige Geschäfte im Niemandsland, S. Fischer (2025)
Amlinger, C., Nachtwey, O., Zerstörungslust, Suhrkamp (2025)
Andree, M., Krieg der Medien, Campus Verlag (2025)
Appleton, T., Warum verschwanden die Neandertaler, Heyne (1999)
Baggini, J., Ich denke, also will ich, dtv (2016)
Barkhaus, A., Mayer, M., Identität, Leiblichkeit, Normativität, Suhrkamp (1996)
Bauriedl, T., Beziehungsanalyse, Suhrkamp (1993)
Benthien, C., Wulf, Ch., Körperteile, Rowohlt (2001)
Bezzel, C., Wittgenstein, Junius (1996)
Brenman, E., Vom Wiederfinden des guten Objekts, frommann-holzboog (2014)
Breuer, R., Immer Ärger mit dem Urknall, Rowohlt (1993)
Bischof, M., Biophotonen, Zweitausendeins (1995)
Brockman, J., Vogel, S., Wie funktioniert die Welt?, Fischer Taschenbuch (2013)
Byung-Chul Han, Die Austreibung des *Anderen*, Fischer Wissenschaft (201)

Byung-Chul Han, Die Errettung des Schönen, Fischer Wissenschaft (201)

Camus, A., Der Mensch in der Revolte, Rowohlt (1997)

Camus, A., Der Mythos des Sisyphos, Rowohlt (2000)

Carnap, R., Einführung in die Philosophie der Naturwissenschaft (1969)

Damasio, A. R., Descartes` Irrtum, dtv (1997)

Davies, P., Gott und die moderne Physik, Bert. M. (1986)

Eccles, J. C., Gehirn und Seele, Piper (1987)

Eichmeier, J., Höfer, O., Endogene Bildmuster, U&S – Verlag (1974)

Eribon, D., Rückkehr nach Reims, ed suhrkamp (2016)

Fischer-Lichte, E., Performativität: Eine Einführung, transcript (2012)

Fölsing, A., Albert Einstein, Suhrkamp (1995)

Freud, S., Studienausgabe, Fischer (1989)

Goel, B. S. Meditation und Psychoanalyse, Ariston (1989)

Görz, G., Einführung in die künstliche Intelligenz, Addison-Wesley (1996)

Goldman, L. R., The Anthropology of Cannibalism, B&G (1999)
Heidegger, M., Unterwegs zur Sprache, G. Neske (1959)
Hilbrecht, H., Meditation und Gehirn, Schattauer (2010)
Hofstadter, D., Die Fargonauten, Klett-Cotta (1996)
Hofstadter, D., Die Analogie, Klett-Cotta (2014)
Horgan, J., An den Grenzen des Wissens, Luchterhand (1997)
Jacobs, A., Schrott, R., Gehirn und Gedicht, Hanser (2011
Jakobson, R., Semiotik, Suhrkamp (1988)
Jakobson, R., On Language, Harvard University Press (1995)
Jung. C. G., Gesammelte Werke, Walter (1983)
Kant, I., Kritik der reinen Vernunft, Reclam (1966)
Kant, I., Kritik der praktischen Vernunft, Suhrkamp (1974)
Kluge, F., Etymologisches Wörterbuch, W. de Gruyter (1989)
Köhler-Weisker, A., Gespräche unter dem Mopanebaum, Psychosozial-Verlag (2015)

Krauss, P., Künstliche Intelligenz und Hirnforschung, Springer (2023)
Kurzweil, R., Die nächste Stufe der Evolution, Piper (2025)
Lacan, J., Schriften I - III, Walter, (1975)
Lacan, J., Seminare I,I, VII, XI, XX, Quadriga (1980-1995)
Lacan, J., Seminaire Nr. III, Iv, VIII, XVII, Edition Seuil (1981-1994)
Lacan, J., Die Bildungen des Unbewussten, Turia & Kant (2006)
Lacan, J., Mitschriften der Seminare VI,IX,X,XII,XV, B.R.L.F., Strasbourg
Laplanche, J., Pontalis, J. B., Das Vokabular Der Psychoanalyse, Suhrkamp (1989)
Leakey, R., Die ersten Spuren, Goldmann (1999)
Linke, D., Kunst und Gehirn, Rowohlt (2001)
Maar, C., Pöppel, E., Christaller, T., Die Technik auf dem Weg zur Seele, Rowohlt (1996)
Meckel, M., Steinacker, L., Alles überall auf einmal, Rowohlt (2024)
Merleau-Ponty, M., Das Sichtbare und das Unsichtbare, Fink Verlag (1994)

Morgenthaler, F., Gespräche am sterbenden Fluß, Fischer (1986)

Muldoon, J., Graham, M., Cant, C., Feeding The Machine, Harper Collins (2025)

Pinker, S., Der Sprachinstinkt, Kindler (1996)

Plato, Sämtliche Werke, Insel Verlag (1991)

Popper, K. R., Eccles, J. C., Das Ich und sein Gehirn, Piper (1989)

Potthoff, P., Die Begegnung der Subjekte, Psychosozial-Verlag (2014)

Radisch, I, Camus, Rowohlt (2013)

Roazen, D., Der innere Sinn, Archäologie eines Gefühls, Fischer (2012)

Roheim, G., Die Panik der Götter, Kindler (1975)

Rosset, C., Das Reale in seiner Einzigartigkeit, Merve (2000)

Rüdinger, D., Perrez, M., Anthropologische Aspekte der Psychologie, O. Müller (1979)

Rudgley, R., Abenteuer Steinzeit, Kremaye & Scheriau (2001)

Schmidt-Hellerau, C., Lebenstrieb & Todestrieb, Libido & Lethe, Verlag Intern. Psychoanalyse (1995)

Schmitz, R. W., Thissen, J., Neandertal, Spectrum (2000)

Searle, J. R., Geist, Hirn und Wissenschaft, Suhrkamp (1992)

Seidler, G. H., Der Blick des *Anderen*, Verlag Intern, Psychoanalyse (1995)

Sinz, R., Gehirn und Gedächtnis, Fischer Utb (1981)

Sloterdijk, P., Du musst dein Leben ändern, Suhrkamp (2009)

Spielrein, S., Sämtliche Schriften, Kore (1987)

Strowik, E., Sprechende Körper, Fink-Verlag (2009)

Suleyman, M., The Coming Wave, C. H. Beck Verlag (2025)

Sunday, P. R., Divine Hunger, Cambr. Univ. Press (1986) Thompson, R. F., Das Gehirn, Spectrum (1994)

Thorne, K. S., Gekrümmter Raum und Verbogene Zeit, Knaur (1996)

Tipler, F. J., Über die Omegapunkttheorie, Piper (1994)

Uexküll, Th., Fuchs, M., Subjektive Anatomie, Schattauer (1994)

Weiss, Der *Andere* in der Übertragung, Frommann-Holzboog, (1988)

Weizsäcker, C. F. von, Die Einheit der Natur, dtv (1995)

Weinberg, S., Der Traum von der Einheit des Universums, Bertelsmann (1993)
Weizenbaum, J., Die Macht der Computer, Stw (1977)
Wiener, O., Probleme der Künstlichen Intelligenz, Merve (1990)
Wilhelm, R., Informatik, C.H.Beck (1996)
Wilson, E. O., Der Wert der Vielfalt, Piper (1999)
Wolf, F. A., Die Physik der Träume, Byblos (1996)
Wygotski, L. S., Denken und 'Sprechen', Fischer (1981)
Zweig, K., Weiß die KI, dass sie nichts weiß? Heyne Verlag (2025)
Zuboff, S., Das Zeitalter des Überwachungskapitalismus, Campus (2025)

www.analytic-psychocatharsis.com
Kontakt: g.vonhummel@web.de

Weitere Bücher des Autors im MSC-Verlag

Analytische Psychokatharsis

Psychoanalytische Theorie und kathartische Meditation können nicht einfach ineinander überführt werden. Setzt man beide Verfahren aber durch ein entscheidendes Element (einen „linguistischen Kristall“) in Beziehung, lässt sich ein eigenes neues Verfahren begründen. Die Psychoanalyse und die meditativen Methoden werden diskutiert, und die Praxis des eigenen Verfahrens wird ausführlich beschrieben.

SIGNIFIKANT Gott?

Schon die unterschiedliche Groß- Kleinschreibung provoziert, dass der SIGNIFIKANT (Bezeichner, Bedeutender), ein Begriff aus der Linguistik, wichtiger sein könnte, als die altehrwürdige Vokabel Gott. Der Autor zeigt, dass Jesus ein Vorläufer der modernen Psychotherapie war und somit sein Vorgehen auch für die heutige Psychoanalyse genutzt werden kann.

Wissenschaftlich begründet meditieren. Die klassische Methode der Analyse des Unbewussten stellt eine zu theoretische Form der Psychotherapie dar. Um in der Praxis mehr Erfolg zu haben bedarf es eines direkteren selbstanalytischen Verfahrens, das jeder aus sich selbst heraus entwickeln kann. Formulierungen, die in einem einzigen Schriftzug mehrere Bedeutungen enthalten, können das Unbewusste jedes Einzelnen durch mentales Üben aufbrechen und zu sich selbst befreien.

Yoga und Psychoanalyse

An Hand einer wissenschaftlichen Biographie des Religionswissenschaftlers und Yogalehrers Kirpal Singh (Surat Shabd Yoga) werden alle Yogaformen von der Seite der Psychoanalyse her betrachtet. Es ergibt sich die Notwendigkeit ein eigenes Verfahren zu begründen, das der Autor auch *Analytische Psychokatharsis* nennt. Zahlreiche Bilder und Schemata machen das Buch anschaulich.

Verinnerlicht Euch ! Die klassische Methode der Analyse des Unbewussten stellt eine zu theoretische Revolte des Selbst dar. Um in der Praxis Erfolg zu haben bedarf es eines direkteren selbstanalytischen Verfahrens, das jeder aus sich selbst heraus entwickeln kann. Formulierungen, die in einem einzigen Schriftzug mehrere Bedeutungen enthalten, können das Unbewusste jedes Einzelnen durch mentales Üben aufbrechen und zu sich selbst befreien.

‚teetrunken‘ Ausgangspunkt des Buches stellt die Lehre des Psychoanalytikers O. Graf Wittgenstein dar, der davon ausging, dass der Mensch in sich drei Teile birgt, die er nur verschiedentlich zu einer Einheit bzw. einheitlichen Persönlichkeit verbinden kann. Die letztliche und ideale Einheit nennt er den 'Trialog'. Anhand der Schilderung mehrerer Bergbesteigungen durchstreift der Autor alle möglichen kulturellen und psychologischen Fragestellungen, um im Endeffekt den 'Trialog' durch das Wandern, Meditieren und intellektuelle Verarbeiten zu erreichen.

Liste anderer Werke des Autors im MCS-Verlag

Herz-Sprache, Eine Psychoanalyse des Herzens

Politik / Therapie, Begreifen, was man schon weiß - wie Politik therapeutisch zu denken wäre

Das autochthone Genießen, Essays zu einem neuen selbstanalytischen Verfahren

Zweimal den Tod überlisten, Ein Traktat zu Sisyphos, und wie man das Sterben heute meistert

Siddharthas Wiederkehr, Ein wissenschaftlicher Roman – eine Anregung zur Selbsttherapie

Nach Lacan, Über Physik, Psychoanalyse und die Metapher des Genießens – eine Selbstpraxis

interhot, Gespräche mit dem Unbewussten

Das Gerade und das Gekrümmte, Die Behandlung einer Psychose

Die Mathematik des Eros, Die ‚perfektoiden Räume' des Unbewussten – eine Selbstpraxis

Die körperlich kranke Seele, Eine Broschüre zu Theorie und Praxis der *Analytischen Psychokatharsis*

Psychoanalyse / Meditation, Vergleich und Anleitung

Jesus und die Frauen, Wege von damals und heute zur selbstanalytischen Praxis